まえがき

「教員と保育士の養成における『サービス・ラーニング』の実践研究部会」は、2015（平成27）年度に愛知東邦大学地域創造研究所の共同研究会として発足し、2017（平成29）年度までの3年間にわたって、研究を行ってきました。主査は白井克尚、副査は今津孝次郎で、2014（平成26）年度の本学教育学部新設より取り組んできた教員と保育士の養成における「サービス・ラーニング」の実践研究の成果の一端を、本書を通じて報告しています。

第1章では、前教育学部長・教職支援センター長としてサービス・ラーニングの実践を牽引してこられた今津先生から、理論的な立場について論じていただきました。本研究部会が、このような実践研究を進めることができたのは、ひとえに今津先生による卓越したリーダーシップが存在していたからに他なりません。

第2章では、西崎先生から、名古屋市でのサービス・ラーニングの実践的取り組みについて丁寧な報告がなされています。西崎先生によるきめ細やかで手厚い学生指導は、教育実習の指導においても発揮されており、学生たちからとても信頼されています。

第3章では、白井が、小学校の授業参観とサービス・ラーニングの成果と意義について、学生の変容を中心に述べています。小学校の授業参観への参加は、大学生にとって、授業を多面的に見る貴重な経験となっていたことが明らかになりました。

第4章では、中島先生から、絵本の読み聞かせとサービス・ラーニングの関連性について、ゼミでの取り組みを中心に述べられています。ゼミの時間を活用して、幼稚園や小学校へ積極的に読み聞かせに出かけていた中島ゼミの学生は、読み聞かせの表現技術だけではなく、意識の高さも身に付けていました。

第5章では、新實先生から、ゼミで実施された造形ワークショップの取り組みを中心に、幼稚園・小学校におけるサービス・ラーニングの実践について報告がなされています。新實ゼミの学生たちは、いつもいきいきとしながら子どもたちと関わっていることが印象的です。

第6章では、伊藤龍仁先生から、児童館における取り組みを中心に、サービス・ラーニングの実践について報告がなされています。伊藤龍仁ゼミによる「とだがわこどもランド」でのシャボン玉イベントは、地域の子どもたちにとって、もはや恒

例行事となっていると言っても過言ではありません。

　第 7 章では、柿原先生から、サービス・ラーニングと地域連携のあり方について、これまでの参加実績をもとに報告がなされています。柿原先生のご活躍は、多方面にわたり、学内でも地域連携委員として地域と連携した全学共通科目である東邦プロジェクトを任されています。

　第 8 章では、伊藤数馬先生から、大学 1 年生によるサービス・ラーニングの参加実績について、愛知東邦大学 Web サイトに掲載された活動風景をもとに報告がなされています。伊藤数馬先生は、教育学部基礎演習リーダーとして初年次教育にも継続して関わっており、学生指導においても大変定評があります。

　第 9 章では、白井が、サービス・ラーニング実習におけるリフレクションのあり方について、学生の参加ノートや振り返りの分析をもとに、その特質について述べています。教育学部の 1 年生学生が、現場での実習経験を通じて、教師について、保育士について、より深い考察を進めていたことが明らかになりました。

　このように、それぞれの役割の違いはありますが、本研究部会の全員が一丸となって教員と保育士の養成における「サービス・ラーニング」の実践研究に取り組んできたことは、間違いありません。そうした実践研究の成果の一つとして、教育・保育現場に卒業生を送り出すことができたことは、嬉しい限りです。今後も、とても多様で奥深い教育・保育現場に、実践力を伴った学生を送り出すために、研究を進めていく所存です。

　本書が、教員・保育士養成における実習経験のあり方について、示唆を与えることになれば、幸いです。

　末筆ながら、本学の学生のために、貴重な機会を提供してくださっている学校、園等の諸機関、先生方、現場の皆様に厚く御礼申し上げます。また、地域創造研究所ならびにその事務局の方々、唯学書房のご担当者様には、出版に際して大変お世話になりました。ありがとうございました。研究者を代表して、心より御礼申し上げます。

2019 年 1 月 31 日
　教員と保育士の養成における「サービス・ラーニング」の実践研究部会 主査
　　　　　　　　　　　　　　　　　　　　　　　　　　　白井　克尚

地域創造研究叢書
No.30

教員と保育士の養成における「サービス・ラーニング」の実践研究

愛知東邦大学地域創造研究所=編

唯学書房

目　　次

まえがき　iii

第1章　サービス・ラーニングの挑戦
　　　　――教員と保育士の養成に向けて　今津　孝次郎　1
　　Ⅰ　青年期の「社会参加」経験　1
　　Ⅱ　「サービス・ラーニング」の意味と定義　4
　　Ⅲ　「サービス・ラーニング」の機能　7
　　Ⅳ　経験学習　9

第2章　小学校におけるサービス・ラーニング　西崎　有多子　19
　　Ⅰ　名古屋市での実践的試み　19
　　Ⅱ　名古屋市での実践的試みを終えて　23

第3章　小学校の授業参観とサービス・ラーニング　白井　克尚　27
　　Ⅰ　小学校の授業参観への参加　27
　　Ⅱ　小学校の授業参観の流れ　28
　　Ⅲ　小学校の授業参観に参加した学生の変容　32
　　Ⅳ　サービス・ラーニングとしての授業参観の意義　35

第4章　「絵本の読み聞かせ」とサービス・ラーニング　中島　弘道　39
　　Ⅰ　「絵本の読み聞かせ」の目的　39
　　Ⅱ　「絵本の読み聞かせ」の準備　40
　　Ⅲ　「絵本の読み聞かせ」の実際　40
　　Ⅳ　「絵本の読み聞かせ」実施後の学生のレポートとその考察　47
　　Ⅴ　「絵本の読み聞かせ」における教育的効果　49

第5章　幼稚園・小学校におけるサービス・ラーニング　新實　広記　53
　　Ⅰ　幼稚園・小学校におけるサービス・ラーニング概要　53
　　Ⅱ　学生の活動状況　53
　　Ⅲ　幼稚園・小学校におけるサービス・ラーニングとしての成果と課題　59

第6章　児童館におけるサービス・ラーニング　伊藤　龍仁　63
　　Ⅰ　保育士養成教育とサービス・ラーニング　63

Ⅱ　児童館におけるサービス・ラーニング活動　65
　　Ⅲ　児童館におけるサービス・ラーニングの成果　69

第 7 章　サービス・ラーニングと地域連携　　柿原　聖治　75
　　Ⅰ　サービス・ラーニングの試行の成果　75
　　Ⅱ　サービス・ラーニングの今後の課題　76
　　Ⅲ　サービス・ラーニングと地域連携のあり方　78

第 8 章　大学 1 年生によるサービス・ラーニングの参加実績
　　　　──愛知東邦大学 Web サイトより　　伊藤　数馬　83
　　Ⅰ　大学 1 年生によるサービス・ラーニングの活動報告　83
　　Ⅱ　大学 1 年生によるサービス・ラーニングの活動を振り返って　94

第 9 章　サービス・ラーニング実習におけるリフレクション　　白井　克尚　95
　　Ⅰ　サービス・ラーニング実習とリフレクション　95
　　Ⅱ　「参加ノート」「振り返り」について　96
　　Ⅲ　「参加ノート」に見る学生のリフレクション　98
　　Ⅳ　「振り返り」に見る学生のリフレクション　103
　　Ⅴ　サービス・ラーニング実習におけるリフレクションを充実させるために　109

愛知東邦大学　地域創造研究所（紹介）　111
執筆者紹介

第1章 「サービス・ラーニング」の挑戦
――教員と保育士の養成に向けて

今津 孝次郎

I 青年期の「社会参加」経験

1 青年の「社会参加」の諸段階

　青年期の成長発達は知力や運動能力の観点だけでなく社会性の面からも眺める必要があるが、社会性について「社会参加」または「社会の一員となる過程」という点から検討してみよう。人間が人間である特性は言うまでもなく「共同生活」を送ることである。したがって、この基本的な「共同生活」を理解し、その共同生活に「参加」できる態度と諸能力を学習することによって社会の一員となる準備が整うのであり、さらに職業選択も社会の一員となる一環である点から見落とせないのである。

　そうすると「参加」の意味は、集団や組織の諸活動に積極的に関わり、個人の意思を反映させて他者との連帯を達成するとともに、集団や組織に貢献するということである。ここで留意すべきは、この「参加」という営みは幾つかの段階を経て発展を遂げる点である。この発展の段階を四つに区分してみよう[1]。

　まず第1は「所属」の段階である。青少年が自発性の低い段階から自発性の高い段階へと成長発達を遂げていくと考えると、まず最も自発性が低い段階が「所属」で、集団や組織のメンバーとして、単にそこに「いる」という状態である。例えば家族の一員である、あるいは学校のクラスのメンバーであるといったように"ある特定の家族や学校のクラスに所属している"状態である。

　それが少し自発性の度合いが高まると、第2の「帰属」という段階に至る。これは「自分のもの」として意識している状態で、例えば"これが自分の家族である""これが自分の学校のクラスであり、私はこのクラスの一員である"といった意識、つまり「自分のもの」だという意識が高まっていく。

　さらに第3は「活動」の段階である。役割を遂行して集団や組織の一員として何

かを「行う」といった状態のことを言う。例えば"家族の一員として家事の手伝いをする""学校のクラスの委員を自分が担い、クラスの活動に参加していく"という「行う」状態である。

最後の第4は「社会場面への関与」の段階で、これが一番自発性の高いレベルであり、社会性が発現する状態である。集団や組織内にとどまらず、外の広い社会状況に目を向けて「社会と関わる」状態を言う。こうして1番目から2番目、そして3番目、さらに4番目というように、参加の度合いが強まっていく。そして最後の第4の段階「社会場面への関与」状態に至ったときに、実は「ボランティア」という活動と結びつくと位置づけることができよう。

2　ボランティアの性質

ところで、「ボランティア volunteer」の本来の意味は「自発的志願」であり、有償・無償は問わない活動である。ボランティアというと無償で社会に関わる活動というように理解されている向きが強いが、有償の場合もありうる。一番重要な要素は「自発的志願」であるから、"無償の犠牲的奉仕精神を持った慈善活動"というような、これまでの一般的なイメージはかなり特殊で偏った理解である。そこで改めてボランティアの性質について検討してみよう。

(1) 自発性に向けて：自発性の最も高いレベルが「社会場面への関与」であり、その具体的行動がボランティアになると述べたが、青少年にとってボランティア活動は社会の一員となるプロセスとして非常に重要であり、「市民性 citizenship」教育の基礎となる。そうすると、自発性原理に反することになるが、最初はやや強制的な機会の提供が求められることにもなる。例えば、ボランティアの世界を知らない中・高生の段階では、「街の掃除をしよう」や「福祉施設の活動に少し参加してみよう」というように、学校側が無理やりボランティアの機会を提供する。学校の先生に声をかけられ、「いやいや」「仕方なし」に参加するということがあるかもしれないが、そのことによりボランティアの世界に少しずつ触れるとともに、青少年たちも少しずつ自発性の気持ちが湧いてくるだろう。

中・高生の成長過程で、ボランティアの強制的な機会が求められる場合があるのには、社会性の発達段階における次のような理由が考えられる。つまり、第3「活動」段階から第4「社会場面への関与」への移行過程では活動の場が急に広

がるために、段階移行に大きな飛躍があって、一定の強制機会がないと飛躍に至らないという点である。ボランティアの世界、あるいはボランティアの味わいというものが分かってくると、中・高生たちも徐々にボランティア活動に積極的に参加していくようになるだろう。

　建国の歴史的背景からボランティアが根づいているはずのアメリカでも、近年は青少年のボランティア活動が低下しているようで、高校生教育に必要な「ボランティア時間」というものが1980年代にあえて提起されたことがあった。最初から子どもたちがボランティアに自発的に参加するのはなかなか難しいことなので、大人、教師、親の側が青少年にボランティアの機会を提供して、徐々にボランティアの世界を知ってもらうというプロセスが必要になってくる。

(2)　活動内容の広がり：ボランティアの活動内容について、これまではどちらかというと福祉分野を中心に理解されがちだったが、今日ではそれに限らない。特別な能力がなくても、また福祉分野に限らなくても、あらゆる生活分野で可能な活動であるということが、ボランティアの性質として理解され定着してきている。

(3)　地域の共同生活全体：行政で行うべきことが十分になされない場合、その行政の手伝いをすることがボランティアであるという捉え方が従来からあった。しかし今日では、地域の共同生活を自ら作り出す積極的な行動がボランティア活動であると理解されてきている。これにより社会参加の態度が生まれ、「市民性」教育の基礎が作られる、と捉え方が前進している。

　以上の三つをボランティアの性質として念頭に置きながら、「サービス・ラーニング」の新しい概念について、次に検討していきたい。「サービス・ラーニング」は第3「活動」段階から大きく飛躍して第4「社会場面への関与」段階に至るための具体的な大学教育方法であると考えられる。まさに「アクティブ・ラーニング」の具体例である。青年期の社会性の発達を目的とする点でボランティアとも共通するが、両者にはいくつかの相違がある。

II 「サービス・ラーニング」の意味と意義

1 ボランティア―サービス・ラーニング―インターンシップ

「サービス・ラーニング service learning」とは1990年代後半のアメリカで生まれた新しい言葉で、簡単に言えば「地域諸機関での奉仕活動（サービス）を通じた経験学習（ラーニング）」を意味する。多民族国家のアメリカらしく、コミュニティで自立した成員になるために、地域社会への参画による実地体験から学ぶという、青少年を対象にした「市民性」を育成する実践的方法である。従来から重視されてきたボランティア活動を踏まえながらも、教育方法としてさらに洗練させた行動原理で、今や全米の中等・高等教育で盛んに取り組まれている。

「経験学習」という特徴も、プラグマティズムに立脚するデューイ『経験と教育』以来のアメリカらしい方法であり、既成の知識体系を一方的に伝達するのではなくて、青少年自身が実際の生活を送るなかで身近に経験したことを対象化し、そこから新たな知識や課題を自ら導き出す独自の学習方法である。「アクティブ・ラーニングの視点」そのものと言える。

日本でも2000年代以降になって「サービス・ラーニング」がしばしば使われるようになった。まずは社会科の公民分野で市民性教育を示すものとして、次に高等教育での社会体験活動方法を踏まえた大学教育方法原理を示すものとして、さらには文科省の各種文書でも部分的に言及されつつあり、徐々に広がりを見せている[2]。日本での用語法も、それまで重視されていたボランティア活動を取り込みながら、教育方法としていっそう洗練させていったもので、今後は一般的過ぎる「ボランティア」に代わって、経験学習を強調する「サービス・ラーニング」が使用されるようになるだろう。ただし、ここではあくまで教員・保育士の養成での地域参加活動に絞って用いる。そうした独特の使い方をする理由を、以下に説明する。

まず「ボランティア」という表現をあえて避けるのは、第1に高齢者福祉から障碍者福祉、そして被災地支援などあまりにも幅広い分野を含むこと、第2に「自発性」に基づく活動なので、学生全員が関心を向けるわけではないこと、第3に「地域社会への参画」であって、「学習」の側面があまり注目されないこと、である。

とはいえ、「サービス・ラーニング」の使用が広がるとともに、ボランティアの類語として、またはインターシップの意義も込めて広義に使われるケースも増えて

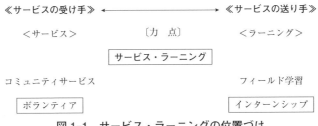

図1-1　サービス・ラーニングの位置づけ

いる。そこで、サービス・ラーニングを厳密に位置づけておこう。ジャコビィは関連用語も視野に入れながら、図1-1のように周到に整理している[3]。すなわち、サービス・ラーニングはボランティアでもインターンシップでもなく、サービスの「受け手」と「送り手」の双方にとって利益を生み出し、両者の中間に位置する手法である。

　そうすると、三つの行動原理を青年期での地域社会成員や職業人としての発達過程において位置づけることができる。教員養成の文脈に即するなら、中・高校時代のボランティア体験から始め、大学に入ってサービス・ラーニングを行い、学年が上がるに従って、正規の教育実習や学校インターンシップへと移行していく過程である。つまり、4年間にボランティアをただ続けても、地域参加にはなってもラーニングは深まらないし、1年次からすぐさまインターンシップに出かけても、サービスの心は育たないだろう。それだけに、学校インターンシップのカリキュラム化については入念に検討しないと、結局は「教採合格」を目的とするだけのものに狭められる危険性がある。

2　大学生の4年間発達過程と「学校インターンシップ」

　学校インターンシップが歪曲される恐れがあると言ったのは、最近になって教員養成の分野で「インターンシップ」の語法があまりにも粗雑ではないか、と感じられるからである。その典型が中央教育審議会答申「これからの学校教育を担う教員の資質能力の向上について」(2015年12月)での記述であり、教育実習を時間的にも内容的にも乗り越えるような直接的職業訓練としての「学校インターンシップ」の導入が以下のように強調された点である。それは大学生が4年間に発達する過程を無視した乱暴な用語法だと言える。

「教員養成系の学部や学科を中心に、教職課程の学生に、学校現場において教育活動や校務、部活動などに関する支援や補助業務など学校における諸活動を体験させるための学校インターンシップや学校ボランティアなどの取組が定着しつつある。

これらの取組は、学生が長期間にわたり継続的に学校現場等で体験的な活動を行うことで、学校現場をより深く知ることができ、既存の教育実習と相まって、理論と実践の往還による実践的指導力の基礎の育成に有効である。また、学生がこれからの教員に求められる資質を理解し、自らの教員としての適格性を把握するための機会としても有意義であると考える。さらに、学生を受け入れる学校側においても学校の様々な活動を支援する地域人材の確保の観点から有益であることが考えられる。(中略) このため、教育実習の一部に学校インターンシップを充ててもよいこととするとともに、大学独自の科目として設定することも引き続き可能とするなどの方向で制度の具体化を引き続き検討する。この際、学校インターンシップの名称についても法令に規定する上で適切な名称を今後検討していく。」[4]

文部科学省から提示された答申〔案〕に対するパブリックコメントとして、私は次のような意見を投稿したが (2015 年 11 月 10 日)、もちろん全国から膨大な量の諸意見が出されるだけに、当然のことながら私の意見は反映されることなく、最終答申では最初の〔案〕通りの記述となっている。

「『学校インターンシップ』構想について——たしかに、今では多くの大学でボランティアやインターンシップの形態で、学校現場に出かけて実地体験を味わう取り組みが普及しています。ただし、『ボランティア』とか『インターンシップ』の用語の理解が極めて乱雑だと思います。『ボランティア』は自発的奉仕活動であり、『インターンシップ』は特定職業の実地訓練ですから、4 年間の大学生の成長発達過程に見合った適切な学習活動として配置する必要があると考えます。最近では両者とは異なり、それらの中間形態と言うべき『サービス・ラーニング』という新たな用語が登場しています。つまり『地域諸機関での奉仕活動 (サービス)』を通じた『経験学習 (ラーニング)』の意味です。大学生の最初の段階ではこのサービス・ラーニングの方が適切でしょう。そこで、次のように位置

づけたいと考えます。

　『ボランティア』(高校生)→『サービス・ラーニング』(大学1・2年生)→教育実習(3～4年生)→『学校インターンシップ』(4年生)。要するに、『インターンシップ』より前に、『サービス・ラーニング』をもっと重視すべきだという意見です。」

III 「サービス・ラーニング」の機能

1 愛知東邦大学教育学部の試み

　さて、2014(平成26)年度春に愛知東邦大学で教育学部が新たにスタートしたとき、新学部の特色ある教育方法として「サービス・ラーニング」をキーワードにしたいと学部全体で考えた経緯は以下の通りである。

　きっかけは名古屋市内の小学校で「望まれる教師像」について何人かの校長に聴き取りを行った際に、共通して「"座学"で教師は育たない」というつぶやきを耳にしたことである。もちろん、キャンパス内での"座学"は不可欠で重要であることは言うまでもない。問題は「教師は育たない」と強調された理由は何か、という点である。それは、この10年ほどの間に子どもと保護者が大きく変わってきた(それは家族や地域、情報など社会環境が変化した結果であるというのが正しい見方かもしれない)背景があるから、というのが校長たちの指摘する大きな理由である。

　クラスの子どもたち一人ひとりがそれぞれ個性ある諸課題を抱えていて、その背後にいる保護者にも同様に諸課題がある。かれらとどのように対人関係を持つことができるか、それができなければ肝心の授業も不成立となる。かつて求められていた「知力」以上に大切なのは「人間力」(対人関係能力、耐性、探究心、向上欲、感性、倫理感を含む)という用語こそ相応しい。そこで、この人間力を培うには人間全体が問われる実地経験の機会であるサービス・ラーニングを大学入学直後から実践することがうってつけではないか、という着想が浮かび上がった。

　各校長は「大学1年生時から学校に来てもらって、ありのままの子どもを見て、ありのままの教師の取り組みを見てほしい、そこからしか教員養成は始まらない」と大学側に強い願いを抱いていることも分かった。多忙さを増す学校のさまざまな仕事に対して、若い学生たちの力をぜひ借りたいという率直な願いも込められているようである。同じような要望は幼稚園や保育所、施設からもしきりに耳にした。

そこで、「学校園での経験から学ぼう！」を基本方針として、新学部の教育ポリシーにしたいと考えたのである。ここで「学校園」とは小学校・幼稚園・保育所・児童館等を含む総称である。

もちろん、学生を受け入れる学校園にとっては「ボランティア」の方が、経費の心配も要らないので便利であろう。学校園は引き続き「学生ボランティア」と呼ぶだろうが、同じ諸活動について、私たちはその教育面に着目し、「サービス・ラーニング」と別に呼ぶことにした。2015年度までの最初の2年間は実験的試みを行った結果、学校園にも学生にも好評だったので、3年目の2016（平成28）年度から授業化に踏み切った。1年生ゼミ担当者を中心に組織された「サービス・ラーニング委員会」が授業方針を決めて運営に当たることになった。

1年生配当の選択科目として「サービス・ラーニング実習Ⅰ・Ⅱ」各1単位（通年2単位、金曜日4限開講）である。本来なら必修科目にしたいところであるが、学外のさまざまな機関に出かける以上、それなりの意欲と問題意識を持つ学生が受講すべきとの配慮である。ただし、できれば全員に履修してほしいという「勧奨・推薦科目」の性格も込め、ガイダンスでは全員に履修を勧めた。毎年、新入生の9割近くが受講している。金曜日4限には、社会的マナーや守秘義務をはじめ、参加記録やお礼状の書き方にまで及ぶオリエンテーションや経験発表会など、教室での数回の全体授業以外は、受講生はそれぞれの興味関心に従って諸機関の活動メニューのなかから各自が選択して、週末や休暇中の各種行事参加で各地域に出かけていき（90分×7コマ以上が学外諸機関参加要請時間）、参加記録を提出する。また、学生にとっての必須事項や毎年の成果については『「サービス・ラーニング」ハンドブック』に整理して毎年改訂版を発行し、新入生のオリエンテーションにも活用している[5]。

2　サービス・ラーニングの二つの機能

当初2年間の実験段階で、サービス・ラーニングは次の二つの機能を持つことに気づいた。

(1)「プレ教育実習」の機能：少子化の大波により、きょうだい数が少なく、地域子ども集団も弱体化しているためか、最近の青年は子どもとの関わりに慣れておらず、子どもを実際にどう観察してよいかも分からない実態が広がっており、学

校園からも正規の教育実習前に何らかの経験が必要との指摘がたびたび出されている。経験がないと、教育実習の最初の週が子どもとの触れ合いに慣れるだけで終わってしまい、実習全体の効果が上がらないという理由である。そこで、サービス・ラーニングは実習準備段階として、いわば「プレ教育実習」としての役割を担うことになる。この機能に注目するなら、サービス・ラーニングの主目的は地域貢献ではなく、教育実習の事前準備に相当する。そして、その活動が副次的な結果として地域貢献にもなっているということである。

(2) 教師の適性から見た教員養成「スクリーニング」と「ライフデザイン」の機能：サービス・ラーニングを通じて、学生の進路展望が変化することがある。変化とは、進路志望が強化される場合と不安定化する場合である。後者について言えば、教師への軽いあこがれや単に免許・資格取得目的で入学した学生が入学後に実際の職場とその職業活動をつぶさに見ることによって、自分に合う進路かどうかの自己認識が揺らぎ始める。その揺らぎを踏まえて大学内の座学や正規の実習に積極的に向かえば問題はない。しかし、自分の適性が本当に合わないと気づいたら、早期に進路変更した方が本人にとっても幸せである。わが学部は免許・資格を取得しなくても卒業できるので、本来の目的からは外れるが、民間企業などを目指してもよいし、転学部・転学科という選択肢もある。こうして、サービス・ラーニングは一種の「スクリーニング」機能を果たすことになる。学生に対しては「スクリーニング」などということは一切話さないが、この機能は否定すべきものではなくて、正当に扱うべきだろう。学生自身にとっては保育者・教育者ではない別の進路選択について本格的に考え始める「ライフデザイン」と正面から向き合う契機となるからである。

Ⅳ　経験学習

1　経験学習の仕組み

　それでは、実地経験から学ぶとはいかなるプロセスなのか。その仕組みを明らかにしないと、サービス・ラーニングの内実や大学と大学外機関との関係を的確に把握することはできない。周知のように、経験と教育の関係について初めて本格的に論じたのはデューイである。彼の原問題は「書物や年長者の頭のなかに組み込まれ

ているものを習得」するだけの伝統的な「旧教育」に対して、「教えられるものが最初に構築されるに至った筋道や、あるいは間違いなく未来に起こるであろう変化」について考慮する進歩主義的な「新教育」を提起することであった。その基本的主張のなかで、「経験」は決して個人内の出来事ではなくて「経験を引き起こす源は個人の外」にあり、「個人とそのときの個人の環境を構成するものとの間に生じる取引的な業務である」と捉えられる。つまり、経験は「個人と環境との相互作用」にほかならない。そして彼は次のように論じた。

「伝統的な学校の環境は、机、黒板、小さな校庭があればそれで十分であると想定された。伝統的学校の教師には地域社会の自然的、歴史的、経済的、職業的などの諸条件を教育資源として活用するため、それらに親しく精通していなければならないといった要請はされなかったのである。これと反対に、教育と経験との必然的な結びつきに基づく教育のシステムは、もしこれらの原理を忠実に守るというのであれば、これら以上述べてきた事柄を、片時も忘れずに考慮に入れておかなければならない。」(6)

この引用箇所からだけでも、地域社会と結びついた諸活動が経験の源泉となって、それが教育の柱であることや、環境との相互作用としての経験が学習にとって重要であることが分かる。それだけに、サービス・ラーニングの発想の源流はデューイの経験論にあるとも言えよう。同時に彼は「実験」を重視したから、教室内の実験環境もまた、経験の源となり、それが学習として展開していくことになる。こうしたデューイの経験論以後、教育学や心理学あるいは経営学などで経験学習に関する諸研究が発表されていく(7)。

そこで、これまでよく引用されてきたコルブの経験学習論をまとめよう。経験を学習サイクルモデルとして把握したのがその特徴であり、以下のように定式化されたプロセスの各局面をいかに検証するのかが問題となる(8)。

a 具体的な直接経験 ➡ b 省察的な観察 ➡ c 抽象的な概念化 ➡ d 積極的な実験

もちろん、このモデルは本格的な経験学習研究の初期の学説であるだけに、サイクル図式が素朴すぎるとか、「c 抽象的な概念化」から「d 積極的な実験」への移行についてはさらに詳しい説明が必要だ、などの弱点が指摘されてきた。それでも、この単純素朴なモデルからでもいくつかの論点を指摘できる。学校園と大学と

の基本的関係を念頭に置きながら説明したい。

(1) 省察：サービス・ラーニングに参加した学生はともするとaレベルの内容を記述するだけにとどまりがちである（単なる感想文）。それをbさらにcレベルへと発展させることが大学での学習となる。それこそ経験の振り返りとしての「省察 reflection」の取り組みである。なぜなら、客観的に観察する態度は日頃から訓練を積む必要があり、しかも省察的な観察を実現するためには多くの先行文献を読みこなして幅広い基礎知識や諸概念を習得しておかねばならぬからである。

(2) 概念化：直接経験した具体的内容を抽象的な一般概念に昇華させることは大学の教育・研究にとっての真髄である。個別の現実に向き合う学校現場では抽象的な一般化といった思考はそれほど行われず、それは大学のゼミなどで学生と教員が互いに深く検討しないと実現できないだろう。逆の言い方をすれば、抽象的概念を単にそのまま抽象的になぞるだけで、学校現場の具体的実態と結びつけることをしなければ、学校園の現場から大学は当てにされなくなる。

(3) 抽象・一般化：学校インターンシップでは学校現場で大方の時間を過ごし、学校教育の発想や行動・価値判断の諸様式について身をもって体験するという、いわば職人の「徒弟奉公」的な方法に近づくだけに、学校現場内でどれだけ経験学習が実現できるかどうかは心もとない。学校現場では何よりも「具体・個別」に終始しがちで、「抽象・一般」には届きにくいからである。こうして、学外の諸機関と大学との往復のなかで、「具体・個別」と「抽象・一般」をどのように往還するか、が経験学習を推進するうえでの大きな課題となる。

2　経験の省察

さて、2014年5月に初めてのサービス・ラーニングとして、近隣小学校の運動会のお手伝いに出かけたときの学生の表情が印象的である。写真1-1は私がカメラを向けた一枚であるが、左側の学生が笑顔である。右側の学生も笑っている。二人はカメラを向けられたから笑ったのではなく、運動会の準備の様子を笑いながら話してくれたので、私がカメラを向けたのである。この笑顔には深い意味があることを報告しておきたい。

写真 1-1　小学校運動会にて（2014 年 5 月）

　写真の学生は運動会の前日の設営準備の際に、堅い運動場に杭を打ってテントを設置した。普段慣れないことをしたせいだろう、杭を打つときに手にマメができ、マメがつぶれて皮膚がヒリヒリと痛いということで、その手を見せながら「こんなに手の皮がむけたのですよ」と言って笑ったのである。痛いから普通なら笑顔にはならないところだが、彼は手の皮がむけるほどの経験をしたことによって、「新しい経験をした」「運動会が分かってきた」ということで喜んで笑っている。そして彼に同意しながら、右の学生も笑っている。

　すべての学生が小学校時代に 6 年間の経験があるから、出かける前には「小学校の運動会？　そんなものはよく知っている」と言う。ところが実際に運動会の手伝いを終えた後、学生たちは共通してしみじみとつぶやく。「よく分かっているはずだったが、実は何も知らなかった」と苦笑しながら言うのである。「舞台裏で先生方がどれだけ苦労されていたか、何も知らなかった」と。つまり、自分が小学生のときは運動会の表の部分しか見ていないので、運動会がどのように組み立てられ、その運営を先生方がどのように進めていたのか、そういうことは子どもの目からは一切分からなかったということである。運動会の「サービス・ラーニング」に行くことで、学校の大きな行事の一つである運動会がどのようなものであるかが分かったということを通して、小学校教育を理解する一歩となっていく。言ってみれば「指導される子ども」の立場から「指導する教師」の立場への転換の始まりである。こうした転換が持つ意義は、社会への参加そして教職世界への参画にとってきわめて重要である。1 年次の春から、学校行事に参加するサービス・ラーニングによっ

て、こうした重要な経験に遭遇するのは、その後の教職課程の学習に関する積極的な姿勢を形成するに違いない。重要な転換がなされずに、ただ学校で教職の仕事の実際に触れるインターンシップを行うようでは、確かな教職観を構築することは難しく、さらには社会性の発達も不十分にならないか、と危惧を抱く。

次に『「サービス・ラーニング」ハンドブック』第1版（2015年3月）の二人の学生のレポートから引用して検討してみたい[9]。まずは近隣小学校で開かれる春の小学校運動会のお手伝いに、新入学後2ヶ月も経たないうちにキャンパスから飛び出して参加した学生の感想である。

「運動会の当日朝、8時半に初めて校長先生にお会いしました。副校長先生も同席されていて、そこで諸注意を受けました。校長先生からは特に『子どもたちの様子をよく見てほしい』と伝えられました。『運動会は何度も経験したことがあるでしょうが、今度は教師という立場から運動会を見てください。子どものときには見えなかった、裏方の様子も見て下さい』という助言をいただきました。

運動会は紅白の競技の得点で競うオーソドックスなタイプでしたが、クラスで分けるのではなく、1年生から6年生の縦割りグループでおこなっていました。そして組体操を男女混合でおこなっていました。以上の2点が自分の母校のときと違うので驚きました。

私たちは器具係りをサポートする仕事でした。感心したことは、高学年が主体となり、器具を準備していたことでした。子どもたちが自ら動いていたので、お手伝いすることはあまりなかったくらいです。そこで、自分たちは何をするべきかを考えながら行動することになりました。具体的には、器具を出しやすいように、ひとまとめにしておいたり、どのように配置すべきかなどを工夫しました。次回は今回の経験を生かし、今までよりも周囲のことを考えて行動しようと思いました。現場を見ることの大事さが身をもって理解でき、良い体験になりました。」

この短い感想文のなかにも、大学内でさらに調べ検討すべき諸論点が含まれている。実際には今後の課題として残されてしまったが、それらについて参加者全員で考える作業こそが大学の教員養成にとって大切な課題となる。例えば以下のような論点を抜き出すことができよう。

①運動会は大きな小学校行事の一つである。運動会に類する学校行事は世界各国にあるかどうか、学芸会や作品展についてはどうか。国際比較の観点から日本の学校文化の特徴を学校行事の点から検討してみるとどうなるか。

②運動会の目的は何か。運動能力や身体の発育の促進か、学芸会や作品展とも合わせるなら「表現力」を高めるという共通項もありそうだ。大勢の保護者が見に来るので、学校を「開放」し、普段の取り組み成果を発表するという地域のなかの学校の存在をアピールする側面も見落とせない。

③かつての児童の立場でなく、今回「教師の立場」から運動会に参加するとは、どのような違いが生じたか。運動会のいかなる面がどのように新たに見え始めたか。運営に携わる教師の動きか、教師が子どもにいかに関わっているか、運動会当日に向けて教師はこれまでどのような練習と準備を積み上げてきたか、など。

④子どもの集団構成で、縦割グループとか、男女混合の組体操とかが過去と異なっているとすれば、それはどうしてか。児童の集団構成の考え方に大きな変化が生じたのか。少子化やジェンダーに関する変化と関係するのか否か。

⑤高学年の児童が主体となって器具を準備していたとすれば、それは可能な限り子ども中心で運動会を運営するという方法に立脚しているからか。プログラム進行アナウンスも児童が担当している運動会も多いこととも合わせて検討すると何が言えるか。1年から6年まで6年間の子どもの成長発達について、小学校教育はどのような基本的理解をしているだろうか。

⑥事故がないように、教師はどのような安全上の配慮をしていたか。

以上のような6点だけでも大学に帰ってから参加者全員で調べて討議すれば、サービス・ラーニングはさらに深められ、現場での経験がいっそう活かされることになる。

次は、秋から冬にかけて実施される保護者対象の公開授業に参加しての感想である。この公開授業参加は厳密にはサービス・ラーニングとは言えない。サービス面がなく、ラーニング面だけだからである。しかし、学校諸行事のお手伝いをすることに対するいわば「余録」として、「保護者対象の授業参観なら迷惑をかけない程度で」と校長から許可されたものである。しかも、1年生段階から気軽に授業参観できる機会はきわめて貴重である。もちろん授業参観記録の書き方程度は事前に小

学校の各教科専門担当教員が説明するが、学生は教育課程論や各科教育法などの授業をまだ受講していないから、予備知識がまったくない状態であり、はたして参観して理解できるかという問題はある。しかし、逆に一定の枠組みやモデルを念頭に置かずにありのままの印象を得られるという利点があるだろう。それに学校行事の延長として、保護者対象の授業参観がどのようなものなのかを実地に知る絶好の機会にもなる。そこで、公開授業の感想もあえて追加して引用しておこう。

「5年生の授業を参観し、感銘を受けました。授業のなかに起承転結があり、理解しやすく、考えさせられる授業でした。児童との会話の中では、目と目を合わせ、合間には頷きを入れるなどといった、児童一人ひとりとのコミュニケーションが信頼関係を作っていると感じました。また、声の強弱、抑揚によって先生の指示が聞き取りやすく、私自身が授業を受けている感覚でした。子どもとの信頼関係は、授業を通しても築かれていくことを感じました。教えるということは、責任があり、高度な知識と技術が必要だということも改めて実感しました。」

この感想レポートはすでに教師の立場に立って、もっぱら授業者の言動への観察に基づいて書かれているが、下記のような検討すべき種々の論点を含んでいる。
①授業のなかの「起承転結」とはどのようなことか。指導案の構成として一般に馴染み深い「導入」「展開」「結論」という三つの区分けとどう関係するか。あるいは、授業の目標が構成的にいかに展開しているか。また、教材がどのように授業展開のなかで扱われていて、子どもの理解にいかに役立っているか。
②聞き取りやすく、内容に引きつけるような発声法はどのようなものか。
③子どもと向き合う際の姿勢や視線の向き方はいかなるものか。
④子どもとの信頼関係は授業でのどのような言動によって可能であるか。児童全員との信頼関係か、あるいは特定の児童との信頼関係に力点が置かれているのか。そして、学校生活の他の場面での信頼関係づくりと授業の進め方とはどのように重なってくるのか。
⑤教えることに求められる「責任」とは何か。
⑥授業に必要な「高度な知識と技術」とは具体的にどのようなものか。
このうち①と②については大学内での模擬授業でも検討することが可能であろう。しかし、③〜⑥については実際に児童を前にした現場の授業の現実を踏まえな

いと論議は難しい。大学に戻ったあと、公開授業参加者全員で自由に討議をしていけば、現場での経験を振り返りながら省察することができ、大学での本格的な授業研究に少しずつ近づいていくだろう。それこそあくまで経験からスタートし、そこから学んでいくというサービス・ラーニングの醍醐味を味わえるはずである。

経験から学ぶとは、経験を具体的な素材として関連するさまざまな事項の検討に繋げていく興味深さがある。ただ、最も重要なことは、やはり経験そのものを対象化して、その意味を広く深く掘り下げていく省察である。その第一歩は「経験の言語表現」化であると考える。

3 「経験の言語表現」化

何よりもまず「経験の言語表現」をする訓練を繰り返し積み上げていくことが経験の省察にとって不可欠だと考える。経験そのものを具体的に解説し、その経験が生じた状況を詳細に記述し、状況のなかでの自己を多角的に解明しつつ、状況と自己に関する新たな発見を明確化していくことは、日常生活のなかでも大学のなかでも、一般にはそれほど意識的に取り組まれてはいない。そこで、「経験の言語表現」とは、以下の三つのステップを踏むと考えることができる。

①直接的な経験は当初「主観」の領域にとどまっているから、単に「良かった」とか「衝撃を受けた」といった情感的な感想でしか表現しないのが普通である。それを乗り越えて、状況と状況に関与する人物の言動を細かく描写することで経験を対象化し、「客観」化する。

②描写をしながら、状況と関与する人物の諸関係の「個別」的な仕組みを分析し、「一般」化へと議論を広げ発展させていく。

③以上の①・②を踏まえて、「具体・個別」の経験を「抽象・一般」レベルにまで高めることで、当初は「主観」の世界に属していた経験について、「客観」的に位置づけて多角的に評価する。

こうした三つのステップを学び取って、経験を常に省察する習慣を身につければ、サービス・ラーニングの醍醐味はいっそう深まり、教員と保育士の養成の確かな基礎が力強く形成されるはずである。

【引用文献】
(1) 今津孝次郎（2018）「高大接続を目指す『キャリア教育』――『ボランティア』から『サービス・ラーニング』そして『インターンシップ』へ」名古屋大学大学院教育発達科学研究科附属『高大接続研究センター紀要』第2・3号。
(2) 唐木清志（2008）『子どもの社会参加と社会科教育――日本型サービスラーニングの研究』東洋館出版社、木村充・河井亮（2012）「サービス・ラーニングにおける学生の経験と学習成果に関する研究」『日本教育工学会論文誌』36（3）、など。
(3) Jacoby, B. (2015), *Service-Learning Essentials: Questions, Answers, and Lessoned Learned*, Jossey-Bass, p.2, pp.14-23.
(4) 中央教育審議会答申（2015）「これからの学校教育を担う教員の資質能力の向上について」p.33。
(5) サービス・ラーニング委員会編（2015-2018）『「サービス・ラーニング」ハンドブック』第1版-第4版、愛知東邦大学教育学部。
(6) Dewey, J（1938）*Experience and Education*, The Macmillan Company. 市村尚久訳（2004）『経験と教育』講談社学術文庫、pp.57-58。
(7) Kolb, D.A.（1984）, *Experimental Learning*, Prentice-Hall. 松尾睦（2006）『経験からの学習――プロフェッショナルへの成長プロセス』同文館出版、など。
(8) Kolb, op.cit., pp.40-43.
(9) 今津孝次郎（2017）『新版　変動社会の教師教育』名古屋大学出版会、第6章、pp.233-236。

■活動風景（学校園以外の名東区内諸施設でのサービス・ラーニング）

名東区役所
「子どもミーティング」
各班で「まちづくりプラン作成」

班ごとにパネル発表

参加者全員で記念撮影
前列小学生・後列大学生

名東文化小劇場「あつまれKIDSたいけんDAY」
（軽音バンドのリハーサル等会場見学）

企画案の検討・発表会

当日ワークショップの
中日新聞記事
（2017年8月8日）

名東図書館「子ども広場」

アフターストーリーシアター
（絵本物語のあとの想像自作芝居）

絵本かるた

第2章　小学校におけるサービス・ラーニング

西崎　有多子

I　名古屋市での実践的試み

　2014（平成26）年4月の段階で、5月に運動会が行われる名東区内小学校の中で行事スタッフボランティアとして参加させて頂けることになった5校のうち、以下A小学校での実践について報告する。年間を通じて参加することになった学生5名は、学年全体へのボランティア（4月当初はそう呼んでいた）説明と参加者募集の際、たまたまA小学校を希望した学生たちである。調整役として年間を通じて西崎が担当した。

1　運動会

　事前打ち合わせでは、校長先生と教務主任から学生5名と筆者に対して、説明があった。詳細な資料（運動会プログラム、前日までの日程・練習等を含む運動会実施計画）が全員に配布され、学生に期待する内容として、器具の準備点検、グランドのトラック・児童席のライン引き、入退場門の設営・付近のロープ張り、テントの設営とテント内の机・いすの設営が示された。学生たちのためにも、当日だけでなく準備の段階から関わってもらいたいとのご配慮で、大学の授業時間割上可能な学生は、できるだけ練習や準備に参加することになった。また、運動会当日に教職員が着用する特注のオレンジ色のTシャツを作って頂けることになり、サイズの確認をした。

　運動会当日は、5名の学生に加えて、今津も訪問し、学生の様子を観察した。運動会を終えた学生たちの感想の一部は、次のとおりであった。

・不安を抱えての初めてのボランティアであったが、連携が行き届いた先生方からの的確な指示により、迷うことなく作業を進めることができた。同時に、先

表2-1　A小学校への訪問

	訪問日	目的	訪問者
1	5月22日	運動会ボランティア事前打ち合わせ	学生5名、西崎
2	5月30日	前日打ち合わせ	学生5名
3	5月31日	運動会	学生5名、今津
4	6月16日	今後の活動についての打ち合わせ	学生2名、今津、西崎
5	9月20日	授業参観	学生5名
6	11月5～12日	作品展事前準備	学生5名
7	11月13・14日	作品展	学生5名、今津、新實、西崎

生方が陰で子どもたちのことを体調も含めて細やかに気遣い、競技が終わるたびに一緒に喜び励まし合う姿に感銘を受けた。
・校訓の「すすんでする子」のとおり、先生方の指示がなくても進んでできる子どもたちの姿と成長を感じた。先生という仕事には子どもが好きで忍耐力があることが必要だと実感した。

参加後、学生5名に各自参加させて頂いたことに対するお礼状を書くように筆者から指示し、書き方を説明した。初めて書くお礼状のため、下書きを提出させ、筆者が赤を入れて清書を再度提出させた。赤が入った下書きと清書のコピーを今後のためにファイルしておくように指示した。6月10日に筆者がまとめて校長先生へ郵送した。

2　今後の活動についての打ち合わせ

運動会ボランティアを終了し、今後のボランティア活動のオファーを頂けるとのことで、学生代表2名、今津、筆者の4名で、打ち合わせのためにA小学校を訪問した。2・3学期の行事の中から、9月20日（土）土曜参観日（授業観察）、11月13・14日作品展の準備、3月19日卒業式の準備が候補として挙げられ、個々の行事における活動内容の説明を受けた。

5月の運動会ボランティアについては、教職員の方々からの評価に加えて、保護者アンケートにもキビキビした学生の態度についての言及があったとのことだった。この結果を受けて、今後の活動も同じ5名で参加してもらいたいと要請され

第 2 章　小学校におけるサービス・ラーニング

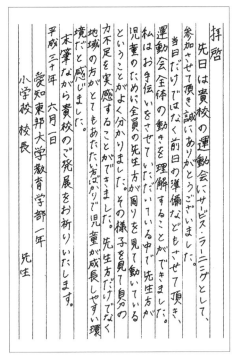

資料 2-1　小学校へのお礼状の例

た。学生たちと共に、嬉しく受け止めた。以下は、学生の感想の一部である。

「特に印象に残っていることは、貴校の先生方が何でも行ってしまうのではなく、子どもたちが自主的に動くことができるような立ち回りサポートをされていたことです。そのために、子どもたちがとても楽しそうに、自ら準備や片づけをしたり、当日の器具の出し入れをしたりしていました。また、子どもたちが応援する姿が心に染みました。」

3　授業参観

9月20日、5名の学生たちは、それぞれ複数の授業を参観する機会を与えて頂いた。事前に大学から、新しく作成した「授業参観ノート」用紙を数枚ずつ配布し、

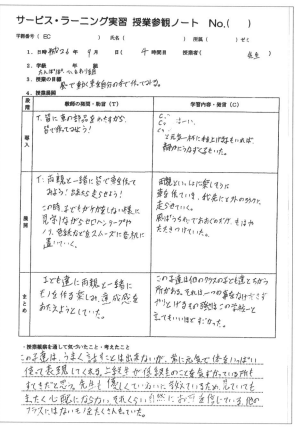

資料2-2　授業参観ノートの一部

授業毎に記録を取り、終了後に筆者に提出するように伝えておいた。以下はその記録の一部からである。

- 授業の最初に身近な題材で学ぶ空気を作り、積極的な参加を促し、色々な発見をする生徒に驚き、一緒に楽しみながら学ぶ教師の姿に共感。(5年の授業)
- うまく話せないが、元気で体全体で表現をする子どもとそれを優しく気遣う上級生、優しく丁寧に接する先生方とのお互いの信頼に基づく自然なやりとりに感動。(特別支援の授業)

授業参観終了後、学生たちは前回同様、お礼状を書いた。授業の起承転結、教師と子どもたちとのやりとりの方法や信頼関係、共に楽しむ姿等、それぞれの心に残ったことについて自分の言葉で述べた。筆者に提出された「授業観察記録」の一部と共にまとめて郵送した。

4 作品展

事前準備期間2014年11月5日（水）～11月12日（水）、事後撤収11月17日（月）のうち、都合がつけば参加してほしいと教務主任から依頼があり、午後3時以降で可能な学生たちが、平均5日間にわたって連日準備作業に参加した。3年に一度、体育館全体を美術館に見立てて行われる大規模な作品展ということで、事前に過去の作品展の写真を見せてもらっていたが、そのスケールは想像以上のものだった。以下は学生の感想の一部である。

- 準備は黙々と行われるかと思っていたが、学年ごとに準備をしてはいるが、学年を越えてアドバイスを頂いたり、装飾や配置等について話し合いながら、常に手を動かしている先生方の姿を見て、職場の人間関係の大切さにも気づいた。
- 作品をとおして、子どもたちが一生懸命かつ楽しく作成している姿が一つ一つから見えるかのように感じた。指導の大切さも想像できた。
- 自分の小学生時代を思い出し、とても懐かしい気持ちになると同時に、これからのA小学校の子どもたちの成長を益々見守りたいと思った。

作品展当日は学生たちに加えて、今津、新實（専門は美術）、筆者が訪問した。学生たちは、準備段階を経て、当日改めて作品展として子どもたちの作品を見て、先生方の展示の方法や周りのカラフルな装飾が作品を引き立てていることを実感したとのことであった。先生方の子どもたちへの思いも感じながら、細かな作業の工夫にも多くの学びがあったようである。

Ⅱ 名古屋市での実践的試みを終えて

A小学校以外の小学校におけるサービス・ラーニングへの参加は、日程を重視

して参加可能な学生が数名ずつ参加する形をとったが、Ａ小学校へは、同小のご意向で、一年間を通して同じ５名の学生のみが参加した。校長先生のリーダーシップの下、教職員の方々は入学間もない学生たちを温かく迎えて下さった。回を重ねるにつれて、学生たちは先生同士の協力体制の大切さにも身をもって気付くようになった。学生たちの間では、お互いに密に連絡を取り合い、調整もスムーズにできた。筆者とは、事前打ち合わせ、事後のお礼状の準備、「基礎演習Ⅰ・Ⅱ」の一環として行われた「報告会」の発表準備等で、研究室で数回集まって意見交換等ができた。初めての学校へ１回のみ訪問させて頂くことも、もちろん有意義ではあるが、同じ小学校に重ねて訪問させて頂くことは、先生方とも顔なじみとなり、学生たちは気持ちの上でも安心感を得て、より積極的に関わることが可能になった。11月の作品展の感想の中にも、Ａ小学校の子どもたちへの思いが感じられた。Ａ小学校へのお礼状も回を重ねるにつれ、自らの振り返りができる余裕が生まれ、具体的な気付きや感想を含めたお礼状が各自で書けるようになり、明らかな成長が見て取れた。

　今後への課題の一つは、大学の授業の合い間におけるサービス・ラーニングの時間の確保である。教育学部１年生は、幼児教育コースと初等教育コースに分かれている上、一部クラス指定をされる科目もあり、今回の５名の場合も時間割上の空き時間はそれぞれ異なっている。また、Ａ小学校は大学と同区内とはいえ、徒歩で片道１時間弱かかる距離にあり、時間割上１コマ（90分）の空き時間内での訪問は不可能である。この問題は、他の訪問先についても同様であり、解決策として、まずは年度途中から大学によってサービス・ラーニングに参加する学生のための自転車数台が用意され、学生の申請により使用可能となった。また、次年度（2015年度）の時間割において、金曜日に参加しやすくなるように、配慮がされることとなった。

　１年生の段階で、このように現場を見て、体験し、成長できた学生たちは、幸いである。大学の授業で問題意識を持って積極的に学び、更なるサービス・ラーニングを経験することは、今後経験する教育実習等への備えともなる。このスパイラルにより大学だけでは得られない経験を通して学生の確かな成長が期待できる。末筆ながら、受け入れ校に謝意を表したい。

※本稿は、西崎有多子(2015)「2. 名古屋市での実践的試み」今津孝次郎・新實広記・西崎有多子・柿原聖治・伊藤龍仁・白井克尚「保育士と教員の養成における『サービス・ラーニング』の試み」『東邦学誌』愛知東邦大学、第44巻第1号、pp.213-215を加筆修正したものである。

■活動風景

小学校運動会のお手伝いの様子

小学校運動会の活動の様子

小学校の授業参観の様子

第3章　小学校の授業参観とサービス・ラーニング

白井　克尚

I　小学校の授業参観への参加

　最近の教育学研究の分野では、「授業研究」における同僚との相互作用との関連で、教師の専門性形成についての研究が進められてきている[1]。また、筆者の専門分野である社会科教育学研究に限って言えば、「サービス・ラーニング」は、主として「社会参加」を通した「市民性（citizenship）」育成との関連で語られてきている[2]。

　本章では、そのような「授業研究」と「サービス・ラーニング」を結びつけた、本学教育学部１年生を中心とした教員と保育者の育成に関わる取り組みについて報告する。2014（平成26）年度に発足した愛知東邦大学教育学部の特色ある教育方法として、名東区内を中心に名古屋市内の小学校・幼稚園・保育所・児童福祉施設などの地域諸機関と連携した「サービス・ラーニング」に取り組んできた。そうした中で、名東区を中心とした名古屋市内の小学校において、「授業研究」とはいかないまでも、大学生にとって初めて授業を見る機会である「授業参観」に参加させていただく機会を得た。本章では、そのような小学校の授業参観に参加した学生の変容を、「授業参観ノート」のメモ書きやお礼状に書かれた感想記述等を追って検討していきたい。

　愛知東邦大学教育学部の１年生が、2014年度に「サービス・ラーニング」として授業参観に参加した小学校は、以下の５校である。Ａ小学校・10月28日（火）２～４限（参加者５名）、Ｂ小学校・９月20日（土）１～３限（参加者５名）、Ｃ小学校・11月28日（金）２～３限（参加者２名）、Ｄ小学校・９月25日（金）２・３限（参加者10名）。参加学生は、初等教育コース希望の学生と幼児教育コース希望の学生とが混在しており、これまでにあまり接することが少なかった学生とも、初めて共に学ぶ機会になっていた。学生たちは、担当教員から連絡を受け、「授業参観の

心得」(資料『「サービス・ラーニング」ハンドブック』所収、資料3-1)と「授業参観ノート」を持参し、各小学校における授業参観に参加した。

Ⅱ 小学校の授業参観の流れ

1 授業参観のめあて

唐木(2008)は、日本型サービス・ラーニングの必要条件として、以下の5点をあげている[3]。

(1) 地域社会の課題を教材化すること
(2) プロジェクト型の学習を組織すること
(3) 振り返りを重視すること
(4) 学問的な知識・技能を習得、活用する場面を設定すること
(5) 地域住民との協働を重視すること

本学教育学部におけるサービス・ラーニングとしての授業参観の位置づけは、ある程度、上記のような条件に当てはまるものとなっていた。サービス・ラーニングとしての授業参観の条件は、サービス・ラーニング委員会としての検討の結果、以下のように共通理解されていたように思う。

(1) 地域社会の課題を教材化すること
　　……将来、地域社会において活躍できる教員・保育士をめざして、各自目的意識をもった授業参観を行う。
(2) プロジェクト型の学習を組織すること
　　……授業参観に出かける際には、各小学校の担当教員と事前ガイダンスを行い、課題をもって授業参観に参加すること。授業参観に参加する際には、「授業参観の心得」として、小学校現場における一定のルールを守る。
(3) 振り返りを重視すること
　　……授業参観に参加した後には、「授業参加ノート」への記入を必須とすること。記入の仕方については、全体授業において指導を行うこと。

(4) 学問的な知識・技能を習得、活用する場面を設定すること
　　……授業参観の目的について講義を行い、「授業参観ノート」への記入を通して、学問的な知識・技能を習得、活用する場面とする。
(5) 地域住民との協働を重視すること
　　……地域の各小学校における先生方からの理解と協力を得る。またPTAの授業参観に参加する場合には、学校を通じて保護者の方から了承を得る。

　本学教育学部におけるサービス・ラーニングとしての授業参観の位置づけは、厳密に言えば、サービス・ラーニングとしての条件に当てはまるには至らないまでも、ある程度、共通理解しながら取り組ませることができていたように思う。

2　授業参観の心得

　また、授業参観に参加する際には、ハンドブックを使って、事前に全体授業において「授業参観の心得」[4]を資料3-1のように示し、小学校現場での最低限のマナーを守らせる形で実習に参加させた。
　このように「授業参観の心得」では、授業参観のポイントを、「授業を多面的に観る」「授業を分節に分けて観る」「授業の事実ありのままを観る」と示し、授業を複眼的に見る経験を積むようにと説明した。また、実習参加後は、授業参観ノートに記録を取るように指示し、記録を取ることの意義についても説明した。このような授業参観の心得を理解した上で、学生は授業参観に参加していった。

3　授業参観の実際

　以下より、実際にD小学校における2014年9月25日（金）2・3限（参加者10名）に実施された授業参観を事例として、小学校の授業参観の流れについて述べる。
　大学教員3名引率のもと、D小学校の授業参観に伺った。初等教育コース・幼児教育コースに関係なく、男子5名＋女子5名計10名が参加した。授業参観は、2・3時限にわたって1年から6年まで、全ての学年の授業（特別支援学級も含む）を参観させていただいた。授業参観の途中では、学生たちは熱心に「授業参観ノート」にメモを取りながら参観する様子が見られた。授業参観の後も校長室において20分ほど、校長・教頭両先生との質疑応答の時間まで設けていただいた。質疑応答で

資料3-1　授業参観の心得

(1) 授業参観の心得

① **授業参観の目的**
- 教師による授業参観は、学校現場では「授業研究」といわれるように、教員研修の一環として考えられています。将来、専門職の教師として成長していくためにも貴重な経験となるでしょう。有意義な学びとなるよう意識を高くもって臨みましょう。
- 大学1年次より授業を観察できる機会など、めったにありません。今まで学ぶ側として受けてきた授業が、教える側からは全く違った景色に映るでしょう。授業を観る機会を積み重ねていくことは、教師としての成長にもつながっていくと思います。
- 授業について検討することは、大学の講義だけではできない「臨床的」な学習の場になると思います。また、「基礎演習」における報告を通して、「協同的」な学習にも発展していくでしょう。自分なりの課題をもって参観できると良いと思います。

② **授業参観時に留意すること**
- 清楚な身だしなみ
- 髪型（髪色は黒色、男子の長髪はカットし、女子の長髪は束ねるなど）
- 服装は、クールビズ（リクルートスーツの必要はないが、ジャンパーやジーパン、短パンなどのカジュアルな服装は避ける）が一般的。男子は、半袖シャツにノーネクタイ、女子は、半袖シャツにパンツもしくはスカートが適当。
- アクセサリーの類いはすべて外す（ピアス・ネックレス・イヤリング・指輪・カラーコンタクト・付けまつ毛など）。
- 欠席する場合は、大学教務課（☎ 052-782-1938）まで電話すること（ただし、休日はつながらない）。体調不良やその他やむを得ない理由で欠席することは構わない。
- 先生方や保護者など目上の人たちに対する敬語や丁寧な言葉を正しく使う。
- 授業開始10分前には、学校に到着していること（遅刻しない）。
- 来校時、帰校時には、職員室（もしくは校長室）にきちんとお礼の挨拶をすること。
その他、細かいことは「1. 諸機関訪問時の心得」の留意点に準じます。もちろん、授業を参観させていただく側として、先生方や子どもたちに不快な印象を与えないことは、大学生としても将来の社会人としても、「当たり前」のことです。

③ **授業参観ノートについて**
- 以下の三点が参観のポイントです。
　授業を多面的に観る。　授業を分節に分けて観る。　授業の事実ありのままを観る。
- 「授業参観ノート」は記入後、必ず引率担当教員に提出し、朱書きをもらうこと。

写真 3-1　小学校授業参観の様子

は、教頭先生より的確なアドバイスがあり、参加学生は皆熱心に聞き入っていた。代表学生は最後のお礼を「本日は貴重な機会を設けていただき、ありがとうございました」と具体的に述べ、授業参観の経験が有意義な経験となったことが窺えた。最後に玄関口まで見送ってくださった教頭先生が何気なく、「上品で、すがすがしい感じの学生さんたちばかりですね」と言われた。学生にとっても、うれしい評価であっただろう。

　このような流れで授業参観に参加した学生の代表的な感想を以下に例示する[5]。

「授業観察を通して、同じ内容の授業であっても、教える先生方によって授業の進行、雰囲気などが全く違うという印象を持ちました。生徒の発言に対しての反応やそれを生かして他の生徒に呼びかけたりと、先生を中心に生徒と共にやり取りをしながら授業づくりをされているのだと感じました。」

「5年生の授業を参観し、感銘を受けました。授業のなかに起承転結があり、理解しやすく、考えさせられる授業でした。児童との会話の中では、目と目を合わせ、合間には頷きを入れるなどといった、児童一人ひとりとのコミュニケーションが信頼関係を作っていると感じました。また、声の強弱、抑揚によって先生の指示が聞き取りやすく、私自身が授業を受けている感覚でした。子どもとの信頼関係は、授業を通しても築かれていくことを感じました。教えるということは、責任があり、高度な知識と技術が必要だということも改めて実感しました。」

「この授業参観で私は子どもたちと接するための心得の大切さを痛感しました。先生が子どもの注意を引くために少しおどけてみたり、ゆっくりと話すことで子どもたちが集中して話を聞いていました。実際に見なくては分からないことや、感じることができないことなど私にはすべてが新鮮に感じられました。大学での勉強のなかでよく考えてみたいと思います。」

　これらの感想からわかるように、授業参観の経験を通じて学生は、これまで「教えられる側」からしか捉えていなかった授業を、初めて「教える側」から捉えるようになったことが窺える。このような視点は、教員や保育士をめざす学びを支える必要な視点だと言えよう。

Ⅲ　小学校の授業参観に参加した学生の変容

　以下より、A小学校の授業参観を通した学生の変容について具体的に述べていきたい。A小学校の授業参観は、保護者による授業参観日に当たる2014年10月28日（火）の2～4限に行われた。T校長による学校紹介の後、教務主任の先生の引率のもとで全学級の授業参観に参加した。初めて授業参観に参加した学生の真剣な参加態度からは、貴重な経験となったことが窺われた。以下、発達段階に応じた指導の工夫について、学生Kの「授業参観ノート」の記録やメモ書きをもとに検討していきたい。
　学生Kの場合は、授業参観を通じてまず、低学年担当の教師指導による指導のきめ細やかさに気づいた様子であった。1年生の算数の授業における教師の指導に関して、「一つの質問に対して、手をあげている児童をすぐ当てるのではなく、少し時間を置いて、手をあげる人が増えてから当てるようにしていた」といった気づきや、2年生の生活科の授業における教師の側の工夫として、「発表することを手助けするように、一つのグループ8人くらいで、一人数十秒程度で、発表をさせるようにしていた」といった気づきがメモの中に見られた。これまで自身が置かれていた児童・生徒としての立場からだけでは、見えてこなかった視点であろう。
　次に、中学年の授業参観を通じて、教師によって発達段階に応じた指導の工夫がなされていたことにも気づいたようであった。「3年生でも発表をさせる際には、紙をなるべく見ないように指導の工夫をしていた。先生は手伝いながら声をかけて

資料 3-2　授業参観ノートの例（2016 年 2 月 23 日）

いた」「4 年生にもなってくると一つひとつのことは、自分たちでやらせるようにしていた。もっとこうした方が良いとのアドバイスを行っていた」といった気づきである。続けて参観した特別支援学級では、「一人ひとりにしっかり声をかけて、成功したら一緒に喜ぶなど、意欲が落ちないようにしていた」など、発達段階や子どもの個性に応じた教師による支援のあり方についても考えを深めていた。

また、高学年の授業参観では、教師による日頃の指導のあり方にも考えを深めたようであった。5 年生の算数の授業参観を通じて、「発言した人の意見に賛成だと思ったら手をチョキにして賛成ということを示していた」というハンドサインの活

用に気づいたようであり、6年生の総合的な学習の時間を参観した際には、「先生が指示するのではなく、児童が授業の内容を決めて実行していたので、どんどん自立させていこうと考えているんだと思った」というように、授業の背後にある教師のねらいにまで考えを及ぼしていた。中でも、「分からない人は手をあげて、近くの子が教えてあげてという言葉がけは、すごいと思った」というように、高学年の児童同士の共同的な学びを支援する教師の指導のあり方についても考えを深めていた。

なお、授業参観の後には、T校長より、今年度の新任教員に対して行った講話をそのままにしていただいた。T校長の若手教員に対する期待の高さや、学校経営上のリーダーシップの強さが感じられた。授業参観後に、学生Kは、授業参観全般を通じて感じたこととして、「授業参観ノート」の裏面に、以下のようなメモ書きを綴っていた。

> 最初に、T校長先生が、児童のことをあまり見るのではなく、教師がどう工夫しているかを見てほしいと言われた。低学年だと板書一つとっても文字の大きさや早さを工夫していた。6年生のあるクラスでは、わからない子に手をあげさせて、わかる子に教えてもらうようにしていた。難しいことだと思った。教師と子どもが同じ目線でしゃべっているときがあった。注意するときや怒るときは、上から言っても良いが、その後のケアが必要だと思った。学び合いや話し合いをやっている授業が増えているように感じた。T校長先生が、一緒に学習する意味を理解してほしい、学校の意味を考えてほしいと言われたように、これから大事にしていくことは何かを考えたい。

このメモ書きからわかることは、これまで受ける側としてのみ捉えていた授業について、教える側の観点からも考えられるようになった視点の変化である。また、児童の発達段階に応じた指導が、教師によってなされていることに関して気づいた様子もわかる。このように、授業参観に参加した学生Kは、教師としての専門性に関するとても深い気づきをもったことがわかる。こうした経験を大学1年生次から継続して積み重ねていくことは、教師としての資質形成の上で重要なことだと考える。最後に学生Kは、授業参観全体を振り返って、お礼状に以下のような文章を綴った。

名古屋市立Ａ小学校　Ｔ校長先生

　先日は、貴校の授業参観に、見学者として参加させて頂き、ありがとうございました。教師側の立場から、これまでの自分が思っていたものとは違う形で授業を見ることができ、とても貴重な体験になりました。Ｔ校長先生が最初に、「教師がどのように工夫しているかを見てほしい」とおっしゃり、僕自身、授業参観に当たる気持ちが、随分変わりました。１年生から６年生までと、特別支援学級の授業を見学させてもらい、教師一人ひとりの授業のやりかたが全然違うことに気づきました。その学年にあった文字の大きさ、目線、質問内容、話し方、どれをとってもクラスをまとめるためや、授業に興味をもってもらえるようにと、試行錯誤を繰り返してきたのではないかと考えました。そして、一つの工夫を行うことは、単純には行かないと思いました。そのような工夫が、理科の実験や総合学習において、児童による自主的な学習につながり、教師の陰の苦労によって、児童からの信頼を得ることができると思いました。全授業を見て、どのクラスも児童が集中しており、学習の雰囲気はとても良く、校長先生の教育方針が行き届いているのだなと思いました。今回、授業参観に参加させて頂き、教師がどのように児童に見られているかを考えて、工夫して授業を進めていくことは、とても大切だということを知ることができました。この経験をこれからの大学での学びに生かしていきたいと思います。
　　　　　　　　　　　　　　愛知東邦大学教育学部子ども発達学科　１年　学生Ｋ

　このように、学生Ｋにとっての授業参観が、「教師側の立場から」授業を見るための契機となったことがわかる。こうした事例からは、教員・保育士をめざす大学１年生の学生にとって、授業参観が貴重な経験となることが推察される。

Ⅳ　サービス・ラーニングとしての授業参観の意義

　以上の事例からは、サービス・ラーニングとしての授業参観の成果が、以下の三点にあったことがわかる。
　第一に、これまで「教えられる側」としてのみ捉えていた授業について、「教え

る側」の視点からも授業を見ることができるようになった点である。学生の「授業参観ノート」からは、これから教員や保育士をめざすために、大学における学びへの意欲を高めていった様子も窺えた。

　第二に、授業における教師の工夫といった視点から授業を見ることができるようになった点である。「授業参観ノート」の記述からは、「授業を多面的に観る」「授業を分節に分けて観る」「授業の事実ありのままを観る」という教師や保育士として必要な専門的な視点を少しずつであるが獲得していった様子も窺えた。

　第三に、地域の小学校における授業参観に参加する態度として、最低限のマナーや礼儀を身につけた点である。全体授業や事前打ち合わせ等において、「授業参観の心得」を示し繰り返し説明したことにより、学生も受け入れる側の小学校としても、安心して授業参観に参加できていったように思われる。

　今後の課題は、地域の小学校と連携した授業参観に、大学１年生次から、いかに継続的に参加させていくかということである。そうした点は、今後も実践を通じて追究していきたい。

※本稿は、白井克尚（2015）「3．授業参観」今津孝次郎・新實広記・西崎有多子・柿原聖治・伊藤龍仁・白井克尚「保育士と教員の養成における『サービス・ラーニング』の試み」『東邦学誌』愛知東邦大学、第44巻第１号、2015年６月、pp.216-219を加筆修正したものである。

【引用文献】
(1) 日本教育方法学会編（2009）『日本の授業研究（上・下）』学文社等を参照。
(2) 唐木清志（2008）『子どもの社会参加と社会科教育――日本型サービスラーニングの構想』東洋館出版社。唐木清志（2009）「社会科にサービス・ラーニングを導入する意義」全国社会科教育学会編『社会科研究』第70号等を参照。
(3) 前掲、唐木（2008）、pp.62-71。
(4) サービス・ラーニング委員会編（2018）『「サービス・ラーニング」ハンドブック 第４版』愛知東邦大学教育学部、p.19。
(5) 同前書、p.26。

第 3 章　小学校の授業参観とサービス・ラーニング

■活動風景

小学校授業参観後に校長室で質疑応答

第 4 章 「絵本の読み聞かせ」と
サービス・ラーニング

中島 弘道

I 「絵本の読み聞かせ」の目的

　「絵本の読み聞かせ」を企画した。学生自身が「絵本の読み聞かせ」を行うという目的を持ち、子どもと触れ合うことで、教員としての指導能力を向上させたいと考えたからである。

　「教員としての指導能力」とは、文部科学省教育職員養成審議会第 3 次答申 2「教員に求められる資質能力について」の 1「教員に求められる資質能力」によれば、「教員の資質能力とは、第 1 次答申において示されているとおり、一般に、『専門的職業である「教職」に対する愛着、誇り、一体感に支えられた知識、技能の総体』といった意味内容を有するものと解される。そして、学校教育の直接の担い手である教員の活動は、人間の心身の発達にかかわるものであり、幼児・児童・生徒の人格形成に大きな影響を及ぼすものである。このような専門職としての教員の職責にかんがみ、昭和 62 年 12 月 18 日付け本審議会答申『教員の資質能力の向上方策等について』(以下『昭和 62 年答申』という。) において示されているとおり、教育者としての使命感、人間の成長・発達についての深い理解、幼児・児童・生徒に対する教育的愛情、教科等に関する専門的知識、広く豊かな教養、そしてこれらを基盤とした実践的指導力といった能力がいつの時代にも教員に求められる資質能力であると考える」[1] と、示されている。

　「絵本の読み聞かせ」においては、「人間の成長・発達についての深い理解」「教育的愛情」「教科等に関する専門的知識」「実践的指導力」に大きく関係すると考える。これらの教員としての指導能力を育成するために、「絵本の読み聞かせ」の体験が、学生にどのような変容をもたらしたのか、「絵本の読み聞かせ」の実践を通して考えていきたい。

Ⅱ 「絵本の読み聞かせ」の準備

1 実施幼稚園と小学校の決定
　「絵本の読み聞かせ」の実施を依頼する幼稚園と小学校については、大学から近くて歩いて行ける場所を条件として選定した。実施するのは本学における総合ゼミの3限（13：00～14：30）の時間帯である。この二つの条件で実施できる場所を探すこととなった。

2 幼稚園と小学校への依頼
　まず、幼稚園の園長・副園長先生と小学校の校長・教頭先生に電話で「絵本の読み聞かせ」の趣旨と概要を説明し、時間を決め、資料を持参して訪問した。

3 「絵本の読み聞かせ」実施のための準備
　電話をした幼稚園は、本学の教員が幼稚園の子どもたちに図画工作を通じていろいろな関わりを持つ幼稚園であった。この教員から、あらかじめ電話をしてもらった。その結果、「読み聞かせ」の実施についても話を聞いていただけることとなった。
　また、小学校については、愛知東邦大学の当時の教育学部長が地域連携の教育の場として、近隣小学校を訪問し、校長先生との交流を行っていた。その関係から、「読み聞かせ」の実施についても、話を聞いていただけることとなった。
　幼稚園の副園長先生と小学校の校長先生・教頭先生と資料をもとに事前の打ち合わせを行った。その結果、「読み聞かせ」を実施することが決定した。

Ⅲ 「絵本の読み聞かせ」の実際

1 「絵本の読み聞かせ」実践の準備
（1）実習における事前指導
①実習における心構えについての講義
　社会人・教員として行動、適切な言葉遣い、礼儀作法、大きな声での挨拶、清楚な服装、髪の毛は自然な色、装飾品の禁止、名札の着用、危機管理と報告、実習園・校での指導者からの指示の遵守、守秘義務、等の事前指導を実施。

② 「絵本の読み聞かせ」で使用する絵本に関する講義とレポートの作成
・絵本の選び方（自分が好きになれるお話、見える大きさ、絵だけでも伝わる内容、発達段階に応じた内容、子どもが喜ぶ内容）
・絵本の持ち方（ぐらつかない、絵を隠さない）
・絵本のめくり方（タイミング良く、スムーズに）
・絵本の読み方（ゆっくり、心を込めて、声に表情をつけて）
・アドリブの工夫（子どもとコミュニケーションをしながら）
・模擬発表（「絵本の読み聞かせ」記録を記入しながら）
・意見交換（記録を参考にして改善策を考える）

(2) 模擬発表「絵本の読み聞かせ」についての学生の意見（2015（平成27）年5月13日授業資料から）
○学生の意見についての結果（よかったところと改善点）
ア　声の大きさ
・適切でとてもよかった。よかった。ちょうどいい大きさ。大きくてよかった。ちょうどよかった。
イ　声の様子・雰囲気
・やさしい声で子どもが落ち着く声。声が優しくて、温かい気持ちになれた。声がとてもよかった。安心するような声でした。声がとてもよかった。声を明るく。
ウ　声の速さ
・よかった。スピードがゆっくりだったから絵を楽しむことができた。ペースがとても良い。ペースが速いから少しゆっくりでいい。読むスピードを変えたりするとマル。
エ　絵本の示し方
・「はーい」の所を少し長く見せてくれたのが良かった。持ち方が見やすかった。見やすくてとても面白かった。持ち方が見やすくとてもよかった。持ち方とめくり方を変えたほうが良いと思った。持ち方が全体的に見えてよかった。ページのめくり方が良く、全体がとても見やすかった！！　めくるペースがいい。
オ　読み方
・効果音の読み方が良かった。動物と人の役を二つやっていてよかった。「できるよできるよ」の部分の読み方が自慢げでとてもよかった。場面によって声の大き

写真4-1　幼稚園での「絵本の読み聞かせ」

さを変えていてよかった。効果音をいうとき、一つ一つ気持ちが入っていてよかった。「トントン」の音を工夫していた！　もう少しスムーズに読めるようにしたいと思った。読むスピードに変化をつける。アドリブを入れる。「……」で終わる所を含みを持たせて、次につながるようにするとマル。登場人物の声をそれぞれ変えたり、車掌さんの声になりきって読めるともっと良いと思う。アドリブを入れるとよい。「と……」みたいな感じの所で含みを持たせたり質問するといい。語尾をアドリブで変えたりするとおもしろい。読む時のリズムや間が良くて、長い本だけど飽きないで聞けた。同じセリフが多いから、読み方を自分で工夫して読めばいい。声のトーンを変える。アドリブを入れるともっと面白くなる。期待感を持たせる。

カ　絵本
・本の仕掛けが面白かった。文字の大きさがよかった。仕掛けがあるとわくわくして楽しみながら聞けると思った。梅雨の時期に読んであげるのはいいなと思った。

(3) 模擬発表「絵本の読み聞かせ」についての学生の意見（2015年5月13日授業資料から）に対する考察

　上記意見から、具体的な技術に関する記述が多いことに注目した。特に、「効果音の読み方」「動物と人の二役」「擬音語のトントンの表現」「アドリブの入れ方」「間の取り方」「なりきって読む」に言及していることは、実践的な意欲の高まり

と、聞き手を喜ばせたいという「愛情」、具体的なイメージを持って取り組んでいる姿の表れと理解できる。「子どもたちと心の交流を持ちたい」という学生の願いとも感じ取れる。

　泰羅雅登（2009）は『読み聞かせは心の脳に届く』で次のように書いている。「音読で、前頭連合野が活動していることがわかります。そして読み聞かせのときには、活動していることを示す黄色がさらに広がっています。子どもに読み聞かせをしていると、お母さんの前頭連合野は音読しているときよりもさらに活動している──これほどちがいが出るとは思わなかったので、正直、びっくりしました。（中略）ほとんどのお母さんがこう答えてくださいました。「読み聞かせのときは、感情をこめて読んでいます。聞いている子どもが、今どんな気持ちなのかなと、相手の気持ちになって読みます」（中略）「そうか！　読み聞かせをするお母さんは、相手の気持ちに強くうったえかけようとしている。それなら、子どもたちの情動に強く働きかけているはずだから情動に関係した脳が強く活動しているのではないか」（pp.43-45）、「その中で赤い線で囲んだところ、この場所は大脳辺縁系とよばれる部分の一部です。辺縁系は、感情、情動に関わる働きをする場所、まさに私がいう『心の脳』にあたる部分です。読み聞かせをしてもらっているときの子どもの脳では、『心の脳』が活動していたのです」（p.49）[(2)]。

　このように、泰羅は、「絵本の読み聞かせ」における母親（読み手）の「思い」が、子どもの脳（情動に関係した）＝「心の脳」を活性化させていると述べている。このことは、読み手（読み聞かせ実践における場合は学生）に子どもたちが無意識に期待するものがあり、その子どもたちの期待を読み手（学生）は無意識に感じ取っているのではないかと考えるのである。読み手が母親ではないが、保護者に近い心境が学生に芽生えてきたのではないかと考えるのである。この関係性が「絵本の読み聞かせ」における成立要件になるのだろう。「心の交流」がそこにある。読み手である母親は子どもに「感情を込めて」「子どもの気持ちになって」「気持ちに強くうったえかけて」読んでいる。その気持ちを子どもは感受して聞く。

　学生の意見によると、「やさしい声で子どもが落ち着く声」「声が優しくて、温かい気持ちになれた」「声がとてもよかった。安心するような声でした」「声を明るく」が示すように、読み手と聞き手の温かな心の交流が「絵本の読み聞かせ」の成立条件となると考えられる。温かな心の交流が「絵本の読み聞かせ」を成り立たせることとなる。

また、「心を育てる」という視点で、松岡享子 (1987) は『えほんのせかい　こどものせかい』で次のように述べている。「絵本の時代は、心を育てる時代です。子どもが、絵本から受ける素朴な感動を、うんと大事にしてやってください」(p.23)、「幼児の時代は、絵でものを考える時代です。だから、絵本が必要になってくるのです」(p.29)、「絵本のもっているさまざまな要素のうち、わたしは、わけても、"あたたかみ"を大事に考えています」(p.57)、「子どものためのおはなしには、子どもに理解でき、共感できるテーマと題材を選ぶべきです」(p.96)、「文を読み終わったら、すぐつぎをめくるというのではなく、お話の流れを考え、子どもたちに絵を見る時間を与えることを考えなければなりません」(p.120)[3]。つまり、絵本は心を育てるものだと言っているのである。

　ここで、「子ども」と「大人」との関係性における「心の育ち」に着目してみたい。田島信元ほか (2018) は『歌と絵本が育む子どもの豊かな心』の序章で、「認知発達心理学の祖といわれるピアジェ (1967) が想定したように、それらは、子ども自身の能動的な獲得活動があって初めて身につくわけで、この子ども自身の力をヴィゴツキーは『(発達の) 原動力』と呼んでいます。この二要因までは、ほぼピアジェの考えに共通するものですが、ヴィゴツキーの立場で重要なことは、発達の源泉と原動力のみが発達を推し進めていくのではなく『(発達の) 条件』としての、大人による、大人と子どもの社会的相互交渉過程を通しての、子どもに対する支援が必須であることを主張したのです」(pp.3-4)[4] と述べている。

　「子ども」と「子ども」との間に成立する「読み聞かせ」と「保育者」と「子ども」との間に成立する「読み聞かせ」の違いを指摘しているのである。大人による、大人と子どもの社会的相互交渉過程としての「絵本の読み聞かせ」を理解していくことが重要となる。

（4）絵本の選び方
　学生からの意見では、「絵本の選び方」に関する意見は見られなかった。重要なこの点に触れていないのは、模擬発表であるため、聞き手が学生であり、絵本の選択の善し悪しを顕著に感ずることができなかったためと考えられる。
　絵本を選ぶときのポイントは、「聞き手の発達段階の理解」「絵本自身の内容」の2点が重要である。「聞き手の発達段階の理解」として、佐々木宏子・宇都宮絵本図書館編 (1984)『幼児の心理発達と絵本』では次のように述べている。「子どもに

よい絵本を与えたければ、まずよい絵本を探す前に、その子どもがどんな個性をもち、何を望んでいるのかをしっかり見きわめることでしょう」(p.201)。人気絵本の読まれ方は年齢に"関係なし"、「『とこちゃんはどこ』『ひとまねこざる』『あかんベノンタン』のこの3冊、私たちの予想にたがわず、量的に言うならぱ圧倒的人気をえました。そして、気づいたことは、その反応がほぼ年齢を問わず大変よく似ていたということです」(p.209)[5]。このように、発達段階の理解は言うまでもなく重要であるが、年齢に関係なく読まれる絵本という視点も見逃してはならない。

「絵本自身の内容」で読むに値するものかどうかを見分ける方法として、モーリス・センダック(1990)は『センダックの絵本論』で「イラストレーターにとって、生命を与えるというのは、まず与えられた物語なり詩なりの本質を理解し、それから自分の表現手段である絵によって、その理解に生命を吹き込むことに他なりません」「生命を与えるという言葉は、(中略)音楽的なもの、リズムがあり、ぐいぐいと進んでいくものへの連想です。(中略)この連想は、私自身の絵が生命を得ている源のひとつが、音楽にあることを物語っています。私にとって、『音楽的に発想する』というのは、まさに絵本に生命を与えることにほかなりません」(pp.3-4)[6]と、文章におけるリズムが絵本に命を与えると書いている。言葉と音楽が融合した作品を見つけ出すことが、「心を動かす内容」の絵本の発見につながる一つの要素となることを示唆したものである。

ただ、絵本を選択するときに松居直(1981)は『わたしの絵本論』で、次のように述べている。「子どもはまず絵本の絵を読むが、おとなはほとんど絵本の絵を読まない——これが絵本をめぐる、おとなと子どもの見方の決定的な違いです」(p.53)[7]。

このように、大人と子どもの見方の違いについて考えておくことが重要である。子どもがどのように絵本を読むのか。その理解なくして「絵本の読み聞かせ」は成り立たない。子ども理解が絵本の選定の基準となる。シャーリー・ヒューズ(2002)は『子どもはどのように絵本を読むのか』第5章「絵のなかへ」で「幼い子どもたちは、自分のよく知っている世界を見るのが好きだ。(中略)よく知っているものであると同時に、それぞれの本が少しずつ、新しいことを伝えるものになるといい」(pp.149-150)[8]と書いている

またヴィクター・ワトソン(2002)は『子どもはどのように絵本を読むのか』第11章「絵を読み取ること・言葉を読み取ること」で「絵本をはじめて読む子ども

たちは、たいていためらいなく絵にとびつき、独創的でとらわれのない想像をめぐらせながら絵と取り組む。絵本の中にある謎とか不確かな要素も気にならないようすである。それに対し、大人の多くは、その絵を概念的につかもうとするため、題名や説明文がないと落ち着かない。ほとんどの大人には、言葉が必要である」(pp.284-285)[9]。このように、子ども理解が絵本選びの基本となるのである。

以上のように、学生の意見から、「絵本の読み聞かせ」について考察を進めた。「絵本の読み聞かせ」は、読み手と聞き手の心の交流が基本となる。温かな心の交流を作り出すことによって、一つの温かい時間が生まれる。その時間を生み出すために、心温まる「絵本選び」があり、「子どもの発達段階の理解」があり、「読み方の工夫」がある。子ども理解なくしては「絵本の読み聞かせ」は成立しない。「子どもである聞き手」と「大人である読み手」の心の交流を生み出す過程が「絵本の読み聞かせ」である。

2 「絵本の読み聞かせ」の実際

◎2015年度（小学校1回、幼稚園2回）
・2015年6月24日（水）13：00〜　A小学校　参加学生11名（男子5名、女子6名）。
校長先生からの講話「絵本の読み聞かせ」13：00〜13：20
実施時間13：35〜14：05　対象児童2年1組・2年2組
・2015年7月8日（水）13：00〜13：30　B幼稚園　参加学生12名（男子5名、女子7名）。実施時間13：00〜13：30　年中2クラス、年長2クラス
・2015年11月18日（水）13：00〜13：30　B幼稚園　参加学生12名（男子5名、女子7名）。実施時間13：00〜13：30　年中2クラス、年少2クラス

◎2016年度（小学校1回、幼稚園4回）
・2016年6月1日（水）13：00〜13：30　B幼稚園　参加学生13名（男子6名、女子7名）。実施時間13：00〜13：30　年中2クラス、年長2クラス
・2016年6月22日（水）13：30〜14：00　A小学校　参加学生13名（男子6名、女子7名）。実施時間13：30〜14：00　対象児童2年1組・2年2組
・2016年7月6日（水）13：00〜13：30　B幼稚園　参加学生13名（男子6名、女子7名）。実施時間13：00〜13：30　年中2クラス、年長2クラス
・2016年10月12日（水）13：00〜13：30　B幼稚園　参加学生12名（男子5

写真 4-2　小学校での「絵本の読み聞かせ」

名、女子7名）。実施時間13：00 〜 13：30　年中2クラス、年少2クラス
・2016年11月16日（水）13：00 〜 13：30　B幼稚園　参加学生12名（男子5名、女子7名）。実施時間13：00 〜 13：30　年中2クラス、年少2クラス
◎ 2017年度（幼稚園4回。小学校は受け入れ不可で未実施。）
・2017年5月31日（水）13：00 〜 13：30　B幼稚園　参加学生11名（男子5名、女子6名）。実施時間13：00 〜 13：30　年中2クラス、年長2クラス
・2017年7月5日（水）13：00 〜 13：30　B幼稚園　参加学生11名（男子5名、女子6名）。実施時間13：00 〜 13：30　年中2クラス、年長2クラス
・2017年10月11日（水）13：00 〜 13：30　B幼稚園　参加学生11名（男子5名、女子6名）。実施時間13：00 〜 13：30　年中2クラス、年少2クラス
・2017年11月22日（水）13：00 〜 13：30　B幼稚園　参加学生11名（男子5名、女子6名）。実施時間13：00 〜 13：30　年中2クラス、年少2クラス

Ⅳ　「絵本の読み聞かせ」実施後の学生のレポートとその考察

1　「絵本の読み聞かせ」実施後の学生のレポート

　「絵本選びで失敗した（失敗経験）ことは、自分の読みやすそうなものを最初に読んでしまったことです。自分自身が読んで読みやすい絵本は幼稚園の子どもには合わなかったり、興味を持ってくれなかったりしました。なので、きちんと子どものことを考えて子どもの目線（子どもの視点）にたって、絵本選びをしなければいけ

ないと思い、次からは子どもたちの特徴を考えながら選びました。そうしたところ、子どもがとても真剣に見てくれたり、参加型の絵本（絵本の種類）では、とても笑顔で応えてくれたので、成功したな（成功経験）と思いました。

年少組と年中組の違い（発達段階）は、どれだけ真剣に見られるかの違いでした。年少組はまだ落ち着きがない部分があり、お友だちとおしゃべりを始めてしまうなど、担任の先生に注意されることが多いと感じました。それに比べて年中組は落ち着きがあり、真剣に私たちの声に耳を傾けてくれていました。

手遊び（導入の手立て）については、年少組も年中組も楽しくやってくれていました。両方の組に入って気づいたことは、絵本の読み聞かせと手遊びを先生ではない外部の人が『今から絵本を読みます。手遊びをします』と言ったところで、戸惑ってしまう子はいると思うので、その前の入ってくるところからが大事なのだと思いました。

前期二回後期二回で見られる違いは、少し間が開くことにより、子どもの心の中も変わり行動も違ってくると思いました。なので、この二回ずつに分けて行った読み聞かせは私たちにとって、とても勉強になったと思っています。

幼稚園と小学校の違いは、子どもがある程度言葉を知っていて知識も少しずつ得てきていることだと思います。

幼稚園では絵本でしたが、小学校では紙芝居をしました。そして幼稚園の子どもたちは参加型の絵本に対して、自分たちの思うままに答えていましたが、小学校の子どもたちは手を挙げて答えている姿も見られました。そのような違いが見られることで、初等コース、幼児コースの両方の学生にとって、とても有意義な読み聞かせをすることができたと思います。

初めはまだ実習も行っていない未熟な私たちでしたが、実習前にほんの数回経験しておくだけで、たくさんの気づきや学び、今後の課題を見つけることができました。そして、実習前（プレ実習）に行うことで実習中に絵本の読み聞かせをして欲しいと言われた時に、手遊びにも困ることなく、スムーズに読み聞かせをすることができました（経験による変容）。ゼミ活動の中で読み聞かせを実践することで学生同士の良いところ悪いところを見つけ話し合いをして改善できるので、実習にも、私たちの今後就職した後にも、とても役立つと思いました（有用感）」。

※（　）は筆者が加筆

2 「絵本の読み聞かせ」実施後の学生の意見についての考察
(1) 絵本選びでの失敗経験
・自分の読みやすそうなものを最初に読んだ。自分が読んで読みやすい絵本が幼稚園の子どもには合わなかったり、興味を持ってくれなかったりした。
(2) 絵本選びでの失敗経験からの対策
・子どものことを考えて子どもの目線にたって、絵本選びをしなければいけない。
・次からは子どもたちの特徴（特徴）を考えながら選んだ。（絵本選びの視点の転換）
(3) 参加型の絵本選択による成功経験（絵本の特性の理解）
(4) 年少組と年中組の違いを実感（発達段階における特性の違いの認識）
(5) 手遊びの導入（子どもを集中させるための手立ての発見）
(6) 幼稚園と小学校の違いを実感（発達段階における特性の違いの認識）
・幼稚園では絵本、小学校では紙芝居（発達段階の違いによる教材の選択）
(7) 「読み聞かせ」体験の効果（プレ実習効果の認識）
・初等コース、幼児コースの両方の学生にとって、とても有意義
(8) 未熟な私たちが本実習前に数回経験（未熟者から経験者への変容）
・手遊びにも困ることなく、スムーズに読み聞かせをすることができました。実習にも、私たちの今後就職した後にもとても役に立つ。

　これらの記述から、「失敗経験とその課題解決。成功体験。発達段階の違いの理解。『手遊び』という補助手段の導入。体験による自己変容の認識。プレ実習としての有用感の認識」が見て取れる。自己変容を促すよい機会となったことがわかる。

Ⅴ 「絵本の読み聞かせ」における教育的効果

　2017年度幼稚園において前期2回、後期2回の計4回「読み聞かせ」を実施した（小学校では2017年度は1回も実施できなかった）。その中で、幼稚園の主任の先生から、「前期2回はとてもおとなしかったが、後期になってとても元気にしっかり実践できるようになりました」とのお話をいただいた。「慣れ」と言うことも考えられるが、それ以上に自信を持って幼児の前で「読み聞かせ」を行う姿が見られた。その変容の原因は何だろうか。

一つの原因として、子ども理解が進んだことである。後期の読み聞かせで、絵本選びをするときに、学生から、「私の読み聞かせの対象は年中さんですか？年少さんですか？」「この本は難しくありませんか？」「字が多すぎませんか？」「簡単なものを選ぶようにしました。」「子どもが喜びそうなものはどれですか？」「喜んでくれるといいな」「興味がありそうな題材を選びました。」などの声かけを受けた。前期には、私の目から見て、難しすぎるものを選ぶ学生、長すぎる作品を選ぶ学生、子どもが喜びそうもないテーマを選ぶ学生が見られた。そうしたものを選んだ結果、幼児から、「ノー」の反応を受けたのだった。その失敗経験からほとんどの学生は、簡単で、子どもが喜びそうな題材を選ぶ結果となった。中には、失敗経験から改善しようとしてもなかなか子どもの喜びそうな作品を選べない学生もいた。そうした学生はその後、自分が幼稚園の教員としての適性を持っていないと判断するようになった。このことから、将来の進路選択においても大きな影響を及ぼす体験実習であることがわかった。「読み聞かせ」を通して具体的に、自分の課題を解決し就職に結びつけていく学生、自分の不十分な適応能力に気がつき、進路変更をした学生たちがいた。教育学部であるので、教員志望で入学してきた学生たちだが、その進路決定についての変更を余儀なくされた学生もいた。職業に対する真の適性を認識しうる場としても「読み聞かせ」実習は有効であるといえる。

　学生による「読み聞かせ」実習は、子どもへの愛に目覚めさせる。そこでうまくいかず葛藤する学生もいる。そうしたことも自己を知るための大きな学びではないだろうか。

【引用文献】
(1)「養成と採用・研修との連携の円滑化について2 教員に求められる資質能力」（教育職員養成審議会第3次答申）平成11年12月10日。
(2) 泰羅雅登（2009）『読み聞かせは心の脳に届く──「ダメ」がわかって、やる気になる子に育てよう』くもん出版、pp.43-45、49。
(3) 松岡享子（1987）『えほんのせかい　こどものせかい』日本エディタースクール出版部、pp.23、29、57、96、120。
(4) 田島信元・佐々木丈夫・宮下孝広・秋田喜代美編著（2018）『歌と絵本が育む子どもの豊かな心──歌いかけ・読み聞かせ子育てのすすめ』ミネルヴァ書房、序章。
(5) 佐々木宏子・宇都宮絵本図書館編著（1984）『幼児の心理発達と絵本』黎明書房、佐々木宏子執筆部分。

(6) モーリス・センダック著、脇明子・島多代訳（1990）『センダックの絵本論』岩波書店。
(7) 松居直（1981）『わたしの絵本論――0歳からの絵本』国土社、p.53。
(8) シャーリー・ヒューズ著、灰島かり訳（2002）「絵のなかへ」ヴィクター・ワトソン＆モラグ・スタイルズ編、谷本誠剛監訳『子どもはどのように絵本を読むのか』柏書房、第5章、pp.149-150。
(9) ヴィクター・ワトソン著、田中美保子訳（2002）「絵を読みとること・言葉を読みとること――アンの苦悩」ヴィクター・ワトソン＆モラグ・スタイルズ編、谷本誠剛監訳『子どもはどのように絵本を読むのか』柏書房、第11章、pp.284-285。

第5章　幼稚園・小学校における
　　　　　サービス・ラーニング

新實　広記

Ⅰ　幼稚園・小学校におけるサービス・ラーニング概要

　2014（平成26）年度から2017（平成29）年度までに、本学子ども発達学科学生が名東区内の幼稚園で以下のサービス・ラーニングを実施した。実施の概要は表5-1の通りである。

Ⅱ　学生の活動状況

1　A幼稚園遠足引率

　A幼稚園遠足引率の当日は朝8：00に幼稚園に集合し、9：35のバス出発まで園児と教室で絵本の読み聞かせを行った。これは、園児が学生になれるためでもあるが初めて幼稚園におけるサービス・ラーニングを経験する学生の緊張を和らげるために、幼稚園側が準備した配慮でもあった。遠足の引率で学生に任された主な仕事内容は、バス乗車の補助、園児が迷子にならないように手をつなぎ園内をグループで散策、トイレの補助、昼食の補助であった。

　遠足の引率を行った学生のサービス・ラーニング参加ノートには、保育者の側から見た保育活動で気づいたこととして以下の三つの点があげられていた。

　一つ目は、先生の声かけの工夫である。例えば、園児たちに気をつけて欲しいことや注意する時は声を低く、楽しいことや明るい話は声を高く明るく出していた点。他には、園児に大切なことをたくさん伝える時に、話の途中で「まだ聞ける？」と声をかけたり、園児が集中できるように受け答えをしたりするような質問をしていた点があげられた。

　二つ目は、教員同士のチームワークである。常に教員同士で他のグループの情報交換をしたり、園児の手が離れる合間を利用して次の行動の計画を再確認したり相

表 5-1　2014 〜 2017 年度に幼稚園・小学校で実施したサービス・ラーニング

連携幼稚園	参加学年・人数	実施内容・日時・場所・対象園児人数
A 幼稚園	1 年生・7 名	遠足引率 日程：2014 年 10 月 21 日（火）9：00 〜 13：00 場所：東山動物園 対象園児数：年長クラス 68 名
A 幼稚園	1 年生・8 名	遠足引率 日程：2014 年 10 月 22 日（水）9：00 〜 13：00 場所：東山動物園 対象園児数：年中クラス 60 名
A 幼稚園	3 年生・3 名	遠足引率 日程：2014 年 10 月 23 日（木）9：00 〜 13：00 場所：明徳公園 対象園児数：年少クラス 60 名
A 幼稚園	3 年生・6 名	造形ワークショップ「巨大カラーバルーンで寒さを吹き飛ばせ！」 日程：2015 年 1 月 8 日（木）9：00 〜 11：25 場所：A 幼稚園 対象園児数：年長クラス 68 名
B 幼稚園	1 年生・9 名 高校生・11 名	造形ワークショップ「わくわく夢のまち」 日程：2015 年 3 月 10 日（木）9：00 〜 11：25 場所：愛知東邦大学ラーニングコモンズ棟 4A 階 対象園児数：年少年長 44 人年中 34 人年少 24 人 計 102 名
B 幼稚園	1 年生・13 名 高校生・5 名	造形ワークショップ「MINKO CHILD COLLECTION（ミンコレファッションショー）」 日程：2017 年 1 月 19 日（木）15：30 〜 17：00 場所：愛知東邦大学ラーニングコモンズ棟 4A 階 対象園児数：76 人
C 小学校	2 年生・12 名 1 年生・25 名	「巨大バルーンをみんなでつくろう！」 場所：平和ヶ丘小学校 日時：2016 年 7 月 16 日（土）9：30-12：00 参加者：小学生 76 名未就学児 26 名保護者 43 名 計 145 名
C 小学校	3 年生・13 名 1 年生・2 名	造形ワークショップ「カラーパラソルをみんなでつくろう！」 日程：2018 年 1 月 20 日（土）9：30-12：00 場所：平和ヶ丘小学校 参加者：小学生 50 名未就学児 10 名保護者 20 名 計 80 名

談をしていた点である。

　三つ目は、教員の園児に対する観察力である。少し疲れた様子の子やバスで少し体調が悪い子にすぐに気づき声をかけていた点である。

　学生は、サービス・ラーニングを通して現場教員の「声かけの力」「チームワーク力」「観察力」を目の当たりにし、それぞれの三つの力の大切さを、体験を通し

て理解できたようだ。

　次に学生が園児たちの様子について気づいた印象的な点としては次のようなものがあげられていた。園児が予想以上に協力し合い、いろいろなことが自分でできたことである。例えば、園児たちが列から遅れたりした時にはお互いに注意し合い協力し合えることや片付けなどが自分でしっかりとできることに驚いたようだ。他には、自分でできることは「自分でできるよ」と自分の気持ちをしっかりと伝えられた点である。このようなことが遠足でできる理由として、出発の前の絵本の読み聞かせの時間に本や椅子を丁寧に片付けることや、遠足終了の解散の時に園児たちが次の日の持ち物を自分で親に伝えることなど、自分でできることは自分でするような指導が日頃から園でされているという点にも気づき、普段の生活の中での指導の大切さも知ることができたようだ。

2　A幼稚園　造形ワークショップ「巨大カラーバルーンで寒さを吹き飛ばせ！」

　巨大カラーバルーンとは、さまざまな色のビニール袋をテープで貼り合わせ、約5m×5mの巨大な袋を制作し、扇風機で空気を入れ膨らませ、子どもたちが袋の中に入って遊ぶものである。実施にあたって学生6名は、ワークショップの題材を話し合い、その後、そのねらいと活動計画をA幼稚園を訪問して教員の方々に説明した。学生は、実施日が冬休み明けの最初の週であることから、園児たちが久しぶりに幼稚園にやってきて仲間と体全身を使って遊べるものを造形ワークショップのテーマに選び「巨大カラーバルーンで寒さを吹き飛ばせ！」というタイトルで実施することに至った。ワークショップ当日、学生は開始1時間前に集合し園庭で園児たちと外遊びを行い、お互いの緊張を取り除くことから行った。ワークショップは、園児たちに活動の流れの説明から始め、グループごとの制作、園庭でのカラーバルーン遊び、片付けで終了した。ワークショップを終えて、幼稚園教員に対し「改善点」「良かった点」「普段造形遊びで大切にしていること」などのアンケートを実施し、学生はそのアンケート結果から以下のような気づきがあった。

　教員からの改善点として多かった意見は声かけに関してであった。「作業や進行に気を取られ子どもへの声かけが少なかった」などの回答に対して、学生は「活動に期待をもてるような声かけなどが必要だった」「作業に気を取られ子どもたちと対話ができず子どもたちの集中が切れてしまっていた」「どこまで大きくなるかな？など想像が膨らむような問いかけが必要だった」と現場教員の園児たちへの声

かけと自らの声かけを振り返り、学生は今後の課題に気づくことができた。

次に、良かった点として「普段ではできない活動ができ、子どもたち自ら貴重な経験をさせてもらえた」「普段年長さん全員で同じ活動をする機会がないので、子どもたち全員が入れる大きさで一気に遊べたのが良かった」といった点があげられた。この回答に関して、学生は、テーマの通りに園児たちが体全身で遊べたことや、たくさんの園児が歓喜の声をあげて遊んでいた様子を振り返りながら、「幼稚園教員のサポートがなければ園児をまとめることはできなかった」など、ワークショップ実施中の幼稚園教員のサポートや素早い対応力にも気づいたようだ。

「普段造形遊びで大切にしていること」に関しては、「声かけや言葉かけ」「褒めること」「わかりやすい説明」「意欲を引き出すこと」「子どもたちの笑顔」があげられていた。学生は、この先生方が造形遊びで大切にしていることを知ることで、自分たちの計画した活動を再確認するポイントにもなったようだ。このように、今後の課題が多く見つかる中で、ワークショップを通して園児たちの笑顔をたくさん見ることができたり、園側から「もう一度やって欲しい」との依頼もいただいたりして、学生も少しずつ自信をつけることができたようだ。

3　B幼稚園　造形ワークショップ「わくわく夢のまち」

造形ワークショップ「わくわく夢のまち」は、B幼稚園の園児102名を対象に行った。会場は2014年12月にオープンした本学のラーニングコモンズ棟最上階で行った。最上階からは、B幼稚園の園児たちが住む名古屋市名東区の街が一望でき、園児たちの住む街を眺めながら将来の夢や住みたい家、町を空き箱や色画用紙、クレヨンなどさまざまな材料を使って夢のまちづくりを行った。また、ワークショップ会場では、「世界こども絵画展」と本大学に隣接する同学園の高校生企画による「未来の彫刻家たち展」が開催されていた。本ワークショップは、それら二つの展覧会を企画した大学生と高校生が中心となり造形ワークショップを行ったものである。

このワークショップに向け、学生はテーマを話し合い、実際に使用する材料を使って試作づくりを何度も行った。その中で、導入の方法や材料の適性、発達段階における作業の適性、作業スペースなどの環境構成なども学生同士で議論し準備を進め、ワークショップを実施した。

ワークショップを終えて学生はそれぞれの改善点を話し合った。その中で特に多

かった意見は以下の三つである。

　一つ目は、「活動の流れ」についてである。事前に十分な準備をしたと思っていたが当日は想像していたように活動が進まず、戸惑う場面が多かったようだ。この原因として学生は、園児のさまざまな予期せぬ行動を経験したことがないために事前に準備する段階でいろいろな想定でシミュレーションができず、準備が不足していたことに気づいたようだ。また、事前に連携先の教員とも打ち合わせを何度も行い、客観的な意見を聞くべきだったなどの意見が出た。二つ目は「声かけ」である。園児にどのような声かけをしてよいか迷うことが多かったようだが、園児の良いところを見つけ褒めながら会話を楽しんでいる幼稚園の先生の姿からかかわり方を学ぶことができたようだ。三つ目は「チームワーク」である。準備にあたってメンバーで情報が共有できていなかったり、ワークショップのねらいがお互いに確認し合えないことがあったりしたようだ。ワークショップのメンバーでお互いを理解したり、相手に自分の思いを理解してもらったりすることの難しさを、準備を通して感じたようだ。

4　B幼稚園 造形ワークショップ
「MINKO CHILD COLLECTION（ミンコレファッションショー）」

　愛知東邦大学教育学部1年生13名が中心となり、B幼稚園園児約76名に造形ワークショップ「MINKO CHILD COLLECTION（ミンコレファッションショー）」を開催した。会場は、愛知東邦大学ラーニングコモンズ棟4A階LCホールで実施した。

　造形ワークショップの内容は、幼稚園児がビニール袋や紙などの、さまざまな素材を使用して衣装づくりを行い、子どもたちは未来のファッションデザイナーになり切って制作した。さらにワークショップ終盤では子どもたちが作った衣装を子どもたちがファッションモデルとなって着て、用意されたレッドカーペットを歩きファッションショーを行った。

　造形ワークショップを終えた学生の反省点は、次のようなものが意見として出された。「全体の流れをワークショップメンバーで共通理解しているか事前に確かめておくべきだった」「子どもたちが予想以上に長く制作をしていたためスケジュールの変更に焦りがでた」「常にあわててしまい、落ち着いて周りを見ることができなかった」など、子どもの予期せぬ動きに戸惑ってしまい、焦ることが多かったよ

うだ。

　良かった点としては、「学生一人一人が子どもを見て、用具や材料を安全に子どもたちが使用できるように配慮したので、ケガがなかった」「子どもたちが想像以上に自分の服を真剣に作っていた」「保護者の方々も、かわいく変身した子どもの姿を見て喜んでくださったことが嬉しかった」。

　引率していただいた幼稚園の先生方からは、次のような感想やアドバイスをいただいた。「普段幼稚園ではあまり積極的に何かを作らない子どもがすごく積極的になって作っていた」「自分の気に入った色がなくなってしまったときに、その場で学生が材料を切っていたが、ある色の中から選ぼうとするように他の色の魅力を伝えるなどをしてもう少し粘ってほしかった（どちらかに統一した方が良かった）」「全体的に所々声をかけるとメリハリがついたのではないか」「材料はたくさんあったが乱雑に置かれていることが気になった。（足で材料や洋服が踏まれている様子が目に付いた）」「ファッションショーでは、保護者・鑑賞する子どもたちの配置を考えるとよかった」「全体で伝えること、グループごとで伝えることを事前にしっかり決めておくとよかった」「広いスペース一面に材料があり、好きなものを選びやすかった」「園ではこれほど自由にできる機会があまりないため、良い方法だと思った」「シートを敷いておくことにより、後片付けもスムーズで良かった」「題材が子どもたちの意欲をかき立てるもので、さまざまな素材・材料が多数用意されていて良かった」「イメージを具体化できない子どもに対しての学生たちの声かけや手伝いなどの援助の姿、対応の仕方に好感がもてた」「解放感のある場所・空間と共に洋服づくりの美的感覚が養われている場であったと思う」など、さまざまな感想がアンケート用紙に書かれていた。学生たちは、自覚のない改善点、良かった点にも気づくことができたようだ。

　ワークショップ後の子どもたち、保護者の反応は、「自分のアイディアを必死に伝え嬉しそうにしている子どもが多かった」「保護者は自分の子どもの（ものづくり）の創造性に感動していた」「『また作りたい、またやりたい』という声が多く聞かれていた」「とても楽しかったようで、次の日も『服作ったよ』と担任に話していた」「どんな飾りを付けたか話をしたり、自分だけの服を作ることができ喜んでいた」など、園に戻った後の子どもたちの様子も教えていただき、学生たちは造形ワークショップを通して、作った作品だけではなく、制作の過程に大切なものがあることに気づいたようだ。

学生は、初めての子どもたちとの造形ワークショップということもあり、常に焦っていたが、「今後は、落ち着いて周りをよく見ていきたい」「今回でてきた改善点を次のワークショップに生かしたい」「活動中に起きる予期せぬトラブルにどう対処するか考える」など、一人一人の課題を発見できたようだ。

Ⅲ 幼稚園・小学校におけるサービス・ラーニングの成果と課題

　2014年度から2017年度までの幼稚園、小学校におけるサービス・ラーニングの成果は、以下の3点が特筆できると考えられる。第一に、教師の子どもに対する声かけや観察する力の大切さを、体験を通して理解することができた点である。第二に、子どもたちの行事を安全に行うためには、事前の入念な準備と計画が必要であることを準備する側の視点に立つことで体験ができた点である。第三に、サービス・ラーニングを受け入れる幼稚園・小学校側がこの活動を理解してくださり、一時的なイベントではなく継続的に保育者、教育者を養成していくための教育活動として位置づけてくださったことである。
　学生が将来、保育者、教育者になり、質の高い保育、教育活動を現場で行うためには、養成段階で不安を克服し、実践力を自ら育てていくことができる力を育成することが重要である。そのためには、サービス・ラーニングを活用した教育を取り入れ、現場教員の声かけの方法や子どもに対する観察力、教員同士のチームワークの重要性を、体験を通して理解し学ぶことがより効果的であると、筆者は参加した学生の声から確信できた。
　また、今回は、1年生と3年生が幼稚園、小学校でのサービス・ラーニングを行ったが、その目的は、学年によって異なることがわかった。教育実習の経験がない1年次におけるサービス・ラーニングでは、期間の長い幼稚園教育実習とは異なり短期間で行われるため、プレ教育実習の位置づけで不安を克服することにつながる利点がある。さらに、大学の机上の学びだけでなんとか現場で対応できると考えている学生が現場にいくことで、指導案通りに活動が進まず失敗することが養成段階の早い時期に体験できることは重要である。幼稚園教育実習を終えた3年生がサービス・ラーニングを行うことは、実習先とは異なる幼稚園でそれまでに学んだ保育知識や技術、考え方を基本にしながら、各保育現場での異なる環境や子どもたちの実態を踏まえて、工夫しながら子どもを援助することの重要性を学ぶことがで

きる。

　今後の課題として、サービス・ラーニングは保育実践力が身についた学生を現場に派遣し成功体験を得ることで自信をつけさせることが目的ではなく、どちらかと言えば自分の課題を見つけるために行うことの意義の方が大きい。そのためには、地域の方々にサービス・ラーニングの試みをご理解いただき、連携していただける幼稚園、小学校を大学周辺の地域に増やし、教育環境を整えていくことが筆者の課題である。また、サービス・ラーニングに一部の学生だけが積極的に取り組むのではなく、多くの学生がその意義を理解し主体的に継続してサービス・ラーニングに取り組めるようなカリキュラムデザインを幼稚園と連携して進めていくことも課題である。

■活動風景

幼稚園児を招いてのファッションショー

小学校 PTA 行事における造形ワークショップ

幼稚園の運動会のお手伝い

名東区内保育所ネットワーク子育てふれあい「ミニひろば」

第6章 児童館におけるサービス・ラーニング

伊藤 龍仁

I 保育士養成教育とサービス・ラーニング

1 本学のサービス・ラーニング導入

　本学の子ども発達学科では、大学近隣の小学校での運動会等学校行事への支援を柱とするサービス・ラーニングの試みが、2014（平成26）年5月から本格的に始まった。これは元々、主に小学校教諭1級免許と幼稚園教諭1級免許の取得を目指す初等教育コースの学生を想定[1]し、3年次からの教育実習を補うプレ教育実習と位置づけて導入が図られたプログラムである。

　一方で、本学科には保育士資格の取得を目指す幼児教育コースの学生たちが約7〜8割存在している。保育士は児童福祉法に規定された0歳から17歳までの子ども（児童）と保護者の子育てを支援する専門職の国家資格であり、想定される職場は児童福祉施設や事業所が多い。代表的な保育所以外にも、児童養護施設や乳児院など12種類[2]の児童福祉施設があり、それらの施設には保育士の配置が義務づけられているものが大半である。さらに、子ども子育て支援制度に合わせて創設された小規模保育事業などの保育新事業や、社会的養護分野の児童自立生活援助事業や小規模住居型児童養育事業など、保育士は幅広く児童福祉の現場を支えている。

　多様化する保育・福祉現場に対応する保育者の養成は養成校側の課題にもなっており、各校はそれぞれ工夫してプログラムを開発・導入し始めている。例えば、近隣の名古屋短期大学等5大学などは「基幹保育者養成プログラム開発のための共同教育事業」[3]に取り組み、中部学院大学短期大学部は「あそびすと」という独自のコンセプトに基づく養成プログラム[4]を開発している。また、日本福祉大学では社会福祉学部にサービス・ラーニングセンターを設置してサービス・ラーニングに取り組んでいる[5]。

　このような近隣他大学の動向と比較して、本学は学科独自の視点からサービス・

ラーニングを導入した。それは、大学の機能に依拠せず、学科教員主導で取り組まれたという特色を併せ持っている。

2　プレ保育実習としての位置づけ

　本学の保育士養成カリキュラムでは、2年次に全員が保育実習Ⅰ（保育所2単位、施設2単位）を履修し、3年次に保育実習Ⅱ（保育所）またはⅢ（施設）のどちらかの実習（各2単位）を選択して履修する。

　しかし、本学の保育実習ではこれまで様々な課題が指摘されてきた。その主な内容は、①保育実習以前の基本的な社会性の欠如、②子どもや職員とのコミュニケーション力の弱さ、③自ら気付くことができない、④主体的に動くことができない、⑤考察力の弱さ、⑥保育者に求められる基本的な資質など、学生の成育史での生活・社会経験により育まれる課題が多く、授業内で改善が図れるとは言い難い内容が多かった。そして、受け入れ施設からの低評価や苦情にさらされることが日常的だった。2年次12月から始まる保育実習までの期間に取り組んでいる通常の事前指導だけでは準備が間に合っていなかったのである。

　さらに、筆者が担当している施設実習においては、①そもそも保育所以外の施設を見たり関わった経験のない学生が大半であり、施設のイメージがわからない、②就職先として意識する学生が少なく関心が低い、③宿泊を伴う実習形態に対する抵抗がある、などの独自の課題が加わることになる。

　このような課題を克服するためには、従来から取り組んできた事前指導のあり方全体を見直す必要があった。そして、入学から実習までの約1年半の期間を無駄にすることがなく、できるだけ多くの機会を設けて保育・児童福祉現場に出向かせる必要性を痛感していた。そこで、本学で取り組み始めたサービス・ラーニングを「プレ保育実習」と位置づけ、主に幼児教育コースの学生たちを対象とする保育者養成に直結するサービス・ラーニングプログラムの開発を検討した。そして、児童福祉施設の中から学生にも比較的に馴染みのある児童館を対象とするプログラムを、2014年度途中から段階的に実施していった。

Ⅱ 児童館におけるサービス・ラーニング活動

1 受け入れ先としての児童館

　児童厚生施設と位置づけられている児童館は、児童健全育成を担う児童福祉施設である（児童福祉法40条）。今日の児童館は、0歳児から高校生まで幅広い年齢の児童と保護者が利用しており多様な形態がある。また児童館は、地域の親子を対象とする直接利用型施設であり、保育所のように担任がいるわけではない。不特定多数の子どもたちが任意で来所し、あそび場として利用しており「あそびを指導するもの（保育士・児童厚生員等）」と規定される数名の職員が施設の運営管理や利用者への対応を行っている。子ども時代に児童館と関わった経験を持つ学生も多く、保育所を除けば最も身近な児童福祉施設としてイメージも持ちやすい。

　現在、名古屋市内には17の児童館が設置・運営されており、様々な活動が展開されている。その活動の一つには「ボランティアの育成・支援」もあり、児童館側のニーズや受け入れ態勢も整っており、すでに他大学と連携して学生を受け入れている実績もある。このように、児童館は学生を受け入れて活動しやすい条件を備え、本学科の学生が幅広い年齢の児童や保護者と関わる機会を得ることができるフィールドとして最適である。そこで、本学近隣の名東児童館を中心に、市内3館の児童館におけるプログラムを企画した。

2　2014年度におけるプログラムの開始

　すでに他大学が連携していることからも、本学が新たに児童館と連携を図ることは容易であった。そこで、本学科の保育士養成課程委員会に所属する筆者を本プログラムの担当教員として、対象施設との連絡調整を行った。また、児童厚生施設等を対象とする本プログラムも他のサービス・ラーニングプログラム同様に基礎演習の授業内容と位置づけ、授業時間等を活用して学生を募集して参加学生の組織化と事前・事後指導を実施した。

　具体的には、2014年5月21日（水）2限目に予定されている基礎演習Ⅰの授業時間の30分程度を使い、子ども発達学科1年生全員に対して本プログラムの概要を紹介し、その上で希望学生を募集して担当教員が参加学生全員に対してガイダンスを実施した。

　学生は、参加を希望する活動が確定した後に「自主実習届」（現在の「サービス・

表6-1　2014年度対象施設と主な活動実績

名　称	特徴・連携実績	参加者数	実 施 内 容
名東児童館	・本学から徒歩圏内 ・他大学との連携あり	計42名 U.S[6] 1名	・平日午後の自由あそびボランティア ・子育て支援クラブ等への参加 ・児童館主催行事の手伝い
天白児童館	・隣接区だが徒歩圏外 ・他大学との連携あり	計3名	・児童館主催行事の手伝い ・平日午後の自由あそびボランティア
とだがわこどもランド （大型児童センター）	・広大な敷地と多彩な企画 ・休日に1万人超利用有 ・他大学との連携あり	計9名	・専門ゼミ3年生による共催企画の実施 ・ランド主催こどもまつりのスタッフ
名古屋市障害者スポーツセンター	・障害者のための公的団体 ・他大学との連携あり	計2名	・センター主催納涼祭のスタッフ

ラーニング届」）をゼミ教員に提出して個別指導を受け、捺印を得た上で教務課に提出することにした。また、受け入れ先から示された活動ごとにグループのリーダーを配置し、必要に応じて対象施設と連絡を取らせ、当日はリーダーを中心にメンバーそれぞれの自己責任で活動を行った。また、3児童館の活動中には必要に応じて担当教員が訪問指導を行うようにした。そして、活動実施後に学生は担当教員に報告書を提出し、グループのリーダーが基礎演習の報告会で活動内容や課題についての報告を行った。その他、関連施設等からのボランティア要請に対しては担当教員が対応を行った。また、本プログラムに関して必要な事項については保育士養成過程委員会で協議して対応した。

表6-1は、筆者が担当した児童館を中心とした活動の一覧である。近隣の名東児童館など3児童館に加えて名東区内の障害者スポーツセンターでの活動参加も含まれている。とだがわこどもランドは市内唯一の大型児童館としての多彩な企画が展開され学生の活動参加余地が高いと考えられる。一般的には連携しやすい近隣施設での活動が好ましいが、親子での利用数も圧倒的に多い大型児童館への活動展開によって学生の学習効果が高まることが期待できる。

学生は6月以降順次これらの活動に参加し始めた。当初1年生を対象としていたにもかかわらず学科上級生からも参加があり、当初想定した参加対象よりも幅広い参加につながった。積極的に多数回の参加を継続した学生がいた一方で、ガイダンス当初に活動への参加を希望したにもかかわらず不参加や単発的な参加に終わった学生がいた。高校までの受け身的な学習姿勢から抜け出せない一部学生の課題が示

唆されていた。

3 2015年度からの現地ガイダンス効果

　2015年度以降は児童館でのサービス・ラーニングを実施する上でのガイダンスを、名東児童館のご協力の下で現地開催している。このガイダンスは、2014年度の活動において、一部の学生を除いて自主的な活動が定着しきれなかった点を改善するために企画したものである。

　杉原・橋爪ら（2015）[7]は「サービス・ラーニングにおける現地活動の質の向上のためには、教員が現地に直接赴き指導をする方法が挙げられるが、プログラムの数や時間数を考えると、決して容易ではない」ことを踏まえ、「サービス・ラーニングの学習成果にとって、教員やコーディネーターからの支援が重要」だと述べている。そして、学生に対する評価基準の提示やルーブリック評価等の導入による効果が確認されていることを指摘している。これは「現地での活動の状態が振り返り（学生の自己評価）に反映」され、「『教員の客観的評価』が困難な現地体験型授業において、学生の自己評価の客観性が保障される」ためである。

　そこで、活動に興味を示している学生を事前に把握した上で直接現地に足を運ばせ、名東児童館長と担当職員に協力を依頼し、現地体験型のガイダンスを実施することにした。その中で活動の注意点や手順を確認するとともに、評価項目（案）を示唆するアンケート用紙を試験的に配布してガイダンス後に記述させ、学生の目的意識の明確化とともに児童館サービス・ラーニング活動の意義と目的を理解させ、意欲喚起につなげて活動への参加に弾みを持たせることを意図した。

　表6-2は、ガイダンス直後に実施したアンケート結果の自由記述一覧である。これから見ても明らかなように、現地で実施するガイダンスの効果は非常に大きなものであった。実際に児童館を見て館長や職員から指導を受ける経験は、学内で教員が実施するものよりも学生の意欲を高め、積極的な参加姿勢を醸成することになる。その結果、2014年度と比較して無断欠席者や消極的な参加姿勢を示すものはほとんど見られなくなり、さらに活動中の問題行動も大幅に減少することになる。そこには、受け入れ側の児童館職員による、活動中の丁寧な対応や指導が行われてきたことによる効果も含まれている。ガイダンスの実施は、学生側の参加姿勢の改善と共に大学側と受け入れ施設側の緊密な情報交換の必要性をもたらすため、双方の信頼関係を醸成する効果もある。

表6-2　現地ガイダンス後のアンケート結果

コメント
・子どもの見方や関わり方を学びたい。 ・館長さんの話を聞いていろいろなことに誇りを持ち、楽しそうに話してくれたので、私もこんな先生になりたいという目標が高まった。 ・子どもとの信頼関係を築きたい。 ・とにかく自分から参加したい。→辞退（7月22日） ・とてもわかりやすくてよかった。これからどんどん参加したい。 ・児童館にたくさん行って子どもたちと仲良くなり勉強したい。 ・子どもと関わる環境があるのはとてもよいので積極的に参加したい. ・子どもたちと仲良く楽しくやっていきたい。遊びなどの得意なことを学びながら増やしていきたい。 ・小学生の弟と楽しく遊んでいる。学校や部活で疲れた時に子どもの笑顔で癒やされる。学習以外にも笑顔がたくさん見れるようがんばりたい。 ・何事も経験だと思っているので自分の力になるようにしたい。→辞退（7月22日） ・説明を聞いて子どもたちと関わるのがとても楽しみになった。 ・私は子どもが好きですが、たまにどのように接したらいいのかわからなくなる。そういうときにすぐ判断できるようになりたい。 ・立派な保育者になっていろんな仕事を任せてもらえるようになりたい。 ・職員の話を聞き、とてもボランティアやSLへの関心が高まった。これから積極的に参加したい。 ・気になった事を聞ける人がいることはとても安心です。 ・4年間で全て学べるわけでなく4年後の職場でさらに学んでいくのだと知った。

・とても参考になった。これから積極的に関われたらいいなと思う。 ・積極的に何事にも挑戦したいと思った。 ・とても為になるお話だった。これから役立てたい。 ・手作りおもちゃへの興味がわいた。いろいろなものをつくってみたい。 ・ボランティアの量を増やしたい。 ・自分の思っている以上にできることが早いと思った。 ・館長さんのお話がとても分かりやすくてためになった。 ・子どもの発達に合わせて活動ができるようになりたい。 ・午後から自由に飛び入りで参加できるので積極的に参加したい。 ・手作りペープサートなどたくさんのあそびを持っていると便利だと思った。 ・今回のお話を聞いて様々なことが分かったので本当に勉強になった。 ・自分で保育グッズをつくってあそびのレパートリーをふやしていきたいと思った。 ・説明会へ参加して今まで授業で学んだこと以外もわかり、とてもわかりやすかった。ありがとうございました。 ・子どもの年齢によってできることできないことを理解することにより、何をしたらよいのか見えてくるということがわかった。 ・説明会に参加したことでボランティアとSLの違いが明確になった。 ・話を聞けてすごく勉強になった。子どもとの関わりが楽しみになった。 ・保育者になるために何が必要かわかった。

【現地ガイダンスで確認する活動手順】

①活動希望者の受付（担当教員の伊藤が窓口）　②現地でのガイダンス受講（定められた日時に実施）　③名東児童館への登録・名札の作成　④大学にサービス・ラーニング届を提出　⑤活動前日に学生から児童館へ電話連絡（自由あそびは連絡不要）　⑥（当日）前回記録のコメント確認　⑦活動実施　⑧名東児童館に保管している記録用紙に記入　⑨名東児童館長による記録確認・コメントの記述　⑩大学での報告会実施　⑪年度末に評価アンケートの記述　⑫1年間の活動レポートの作成・担当教員へ提出

4　その後の活動展開

　児童館におけるサービス・ラーニングの取り組みは、2018年度の現在まで、参加内容と方法を見直しながら着実に実施されている。表6-3は2018年度における名東児童館の年間計画表である。名東児童館では、毎年5月に実施する現地ガイダンスの効果もあり活動が軌道に乗り、見直しと整理も進んだ。これは大学側が実施したというよりも、名東児童館側による受け入れ活動と受け入れ方法の見直し作業の成果である。表6-3のように年間計画が整備され、ガイダンス時に参加学生の一覧表が作成され計画的に実施されていく。

　名東児童館における活動とともに、とだがわこどもランドの行事への支援活動が両輪となって展開されていった。2年後には天白児童館での活動は休止され、その後に上飯田児童館における受け入れが認められている。一方で、愛知県内各自治体の児童館の活動への広がりも見られた。しかし、2016年度からのサービス・ラーニング実習授業化の際に対象施設の見直しを行い、名古屋市外の児童館については愛知県児童総合センターのみに限定することにした。これは、授業として単位を認めていくうえでの枠組みの必要性、継続して一定数の学生参加が見込まれる点、担当教員との直接的な連携が可能である点等を踏まえ、対象施設として明確化したためである。

　名東児童館及びとだがわこどもランドにおけるサービス・ラーニングは毎年の活動が積み重ねられる中で担当教員との連絡も頻繁に行われ、児童館側の受け入れ態勢も整備されていった。今では両児童館における館長のご理解とご尽力もあり、サービス・ラーニング窓口担当の職員も配置されており、ガイダンス時のマニュアル（説明書・諸注意）や学生用の名札など必要備品も児童館側が用意して学生の受け入れを担っていただいている。

Ⅲ　児童館におけるサービス・ラーニングの成果

1　記録と考察の深化

　資料6-1の記録は、2018年度名東児童館における「キッズシティ」という子どものまちづくりイベントに参加した学生の記録である。前期の授業内で子どもたちによる事前打ち合わせから参加した学生たちは、8月以降の夏季休業期間中も事前準備に携わり、9月15日と16日のイベント当日まで参加して記録化している。評

表6-3　2018年度名東児童館行事計画

サービスラーニング参考資料　　　　　　　　　　　　　名東児童館

	月日	曜日	企画名	場所	時間	対象	参加予定人数	サービスラーニング上限人員
	5/10	木	名東の日事業（ボンボンカップケーキをつくろう）	クラブ室2	15:00～16:30	幼児と保護者、小中高生	50人	4人
注2	5/19	土	移動児童館in生涯学習センター	生涯学習センター	10:00～11:30	幼児と保護者、小中高生	50組、50人	3人
	5/27	日	オセロ大会	クラブ室1・2	10:00～12:00	5歳～小学生	16人	6人
	6/1	金	ママCafe（ベビートイづくり）	クラブ室1・2	10:30～11:30	生後3～9ヵ月の乳児と保護者	20組	2人
	6/3	日	けん玉チャレンジ	クラブ室1・2	14:00～16:00	小中高生	16人	4人
	6/21	木	スライムを作ろう	クラブ室2	15:00～16:30	幼児（年少）～小学生	10組、40名	4人
	7/4	水	七夕飾りをつくろう	クラブ室1・2	15:00～16:30の間自由参加（笹なくなり次第終了）	幼児と保護者、小学生	30人	4人
注1	7/5・7	木・土	Kids city 2018 説明会	クラブ室1・2	5日15:30～7日14:00～	小学3年生～高校生	50人	―
	7/28	土	そだててクッキング	クラブ室1・2	11:00～13:00	小学生	8人	2人
	9/15	土	Kids city 2018	全館	12:00～16:00	小中高生	200人	9人
	9/16	日	Kids city 2018	全館	9:30～14:30（11:30～12:30休憩）	小中高生	200人	9人
	10/11	木	かんたん工作をつくろう！①	クラブ室2	15:00～16:30	幼児・小学生	30人	2人
	10/21	日	小学生卓球大会	ホール	13:30～15:30	小学生	16人	6人
	10/25	木	ハロウィン・パーティー（小学生）	ホール・クラブ室1・2	15:15～16:30	小学生	70人	4人
	10/26	金	みんなでハロウィン♪（幼児）	ホール・クラブ室1・2	10:30～12:00	幼児と保護者	100組	5人
注2	10/27	土	移動児童館in梅森坂小学校	梅森坂小学校体育館	10:00～12:00	幼児と保護者、小中高生	50組、50人	6人
	11/15	木	おりがみであそぼう	クラブ室2	15:30～16:30	幼児（年長）・小学生	16人	2人
	11/25	日	子どもパティシエのおやつやさん	クラブ室1・2	14:30～16:00	幼児と保護者、小中高生	20組、30人	4人
	12/8	土	かんたんあみもの	クラブ室1・2	14:00～16:00	小学3年生～高校生	6人	4人
	2/2	土	バレンタインチョコクッキング	クラブ室1・2	14:00～16:00	小学生・中学生	16人	4人
	2/21	木	かんたん工作をつくろう！②	クラブ室2	15:00～16:30	幼児・小学生	30人	2人
注2	2/24	日	移動児童館inめいとう福祉まつり	名東スポーツセンター児童館ブース	10:00～14:30	幼児と保護者、小中高生	100人	4人
	3/1	金	ママCafe（初節句記念お昼寝アート撮影）	ホール	10:30～11:30	生後3～9ヵ月の乳児と保護者	20組	4人
	3/3	日	おやこクッキング	クラブ室1・2	11:00～13:00	幼児（4～6歳）と保護者	8組	2人

・行事内容、日程変更する場合もあります。
・集合場所は各企画の開始30分前です。遅れないように来館してください。
　ただし、Kids city　15日は10時、16日9時集合となり、終了時間も遅くなります。
・Kids city（キッズシティ）は子どもがまちづくりをし夏休みに会議や準備をします。詳細は別途。
注1　7月5・7日の説明会は9月15・16日のKids cityに参加する子ども達の説明会です。15・16日に参加する方のみ参加するようにしてください。
注2　会場が異なりますので注意してください。

第6章　児童館におけるサービス・ラーニング

活動日	平成30年9月15日(土)	時間	9時30分〜17時10分
活動名	Kids City 2018 当日 (1日目)	場所	名東児童館

活動内容（項目ごとに詳しく書く）
- 朝礼の方との打ち合わせ
  - 役割分担、伝え合わせ
  - 出欠確認報告による再分担
  - 基本活動確認
- お店準備手伝い
  - 整理券作成
  - ルール確認
  - シフト表設置確認
  - 14日(前日)の準備のつづき
- 昼食
- お店の手伝い
  - 例)キャップシュート
  - 声掛け（低学年の子供達に）
  - 玉拾い
  - 景品選びの際の整理
- 落とし物した子の捜索
- 忘れ物届け出
- アルバイトの子への声掛け
- お客さんへの声掛け
- 掃除片付け
  - 出たビニールやプラスチックやゴミまとめ捨て
  - ゴミ捨て
- 明日(2日目)の準備
- 子ども達への声掛け
- 催促始末
- 囲い直しこわれたものの修繕
- 職員の方との反省会
- 明日の確認事項
- 連絡、報告事項確認

時間	教師・保育士の活動	児童・子どもの活動
9:30〜10:00	・大学生の打ち合わせ ・役割分担、出欠確認 ・お店の準備手伝い	・お店の準備 ・各自のタイミングでお昼ごはん
11:00	・各自のタイミングでお昼ごはん ・開会式の準備呼び掛け	
11:40〜12:00	・開会式 ・平野さんからの諸連絡事項、誓い言葉 ・12時開店 （・順番にお店での状況確認 ・大学生やボランティアの手伝い）	・開会式 （・挨拶の繰り返しごっこ（子供達の声に合わせて） ・12時開店 　例）キャップシュート、お客さん 　　レジ係　　（　景品係　各自お店で遊ぶ） 　　ルール説明係　　アルバイト 　　玉拾い係(アルバイトも) 　　宣伝係(アルバイトも)
	［3組 名指されたため、店のお手伝い、仕事中 職員の方の様子を確認することができなかった］	
15:50〜16:00	・ジャンケン大会着き（閉会式にて） ・おかし配布 ・掃除整とん ・(2日目)の準備手伝い	・ジャンケン大会（正社員メンバー） ・大学生の方とのジャンケン対決 ・掃除整とん ・(2日目)の準備
16:30〜16:50	・小会議による反省会 （・司会進行） ・子ども達への帰途挨拶	・小会議による反省会 ・意見出し（良いところ悪いところ） ・帰宅

気づき・感想（具体的に）
夏休みを通し長期現場実習としてKids City 2018に参加したがそれも今回の当日2日間で終了となる。サービスラーニング、実1回目の実習では小学校の行事である運動会に参加させて頂いたがその時は行事当日のみの参加だった。しかし本実習校の行事というものは1ヶ月ほど前から子ども達と共に準備し練習し挙式という一環であり実1回目の実習ではそれには果たせなかったが今回の名東児童館のKids City 2018に参加し長期的に子ども達と関わり当日参加する、ということができた。期間形態的に小学校の行事に近い経験が出来たという面でも通じて有意義な実習となった。子ども達も当日は多くの会話や子供同士のやりとりができた。今回役割分担も職員の方にして頂き作業でもお店サポートに回らなかったお店屋さんの担当となった。そこではメンバーが全員小さな(1年生)ということもあり、職員の方にも「あの子達は大丈夫？」という声が度々寄がった。グループとしても店が開店するに仕掛けしてほしいルール確認等を含めて話しかけ

大学担当教員確認欄　　備考　と休業期間に入ってすぐ小学校一年生の男の子グループとは、あたりと言えばあたり前な位、全く性質の違う会話や反応が返ってきた。ルールについては十分にもちろん、分からないまま始めたし、大人の子どもだけでなく、グループ全員の子が「ここがこうからこうじゃないの」「あのあとはどうこうをきちんとなり、確実に全員が理解していることが読み聞かせよく分かった。Kids Cityには小学3年生から正社員としてお店を出店したりすることができる。そのためもしかその小学年生の子ども達を挟む視点で観察することができた。実習（子どもの） 接し方においてや行事での各観客の層皆を流れを伝えさせるためにも良かったと思う。中でもよく話した子ども達との「エピソード」という形で経験が積まれていくのは大切にしていこうと思った。

資料6-1　記録サンプル

価期間を終えた後に自主的に提出されているこれらの記録から、主に2点の成果を取り上げてみたい。

まず1点目は、記録サンプルから明らかなように、記録の内容と量が飛躍的に向上し、具体的で詳細な記述になっている点である。2年次からの保育・教育実習に向けて必須の課題とされてきた「記録力の向上」が成果として達成されている。もちろんこれは一部の学生の記録であり、まだまだ不十分な記録の学生も多い。しかし、このような記録をモデルとして示すことができるようになることで、他の学生のレベルアップにつなげていくことが可能になる。

2点目は考察の深化についてである。キッズシティへの継続的な参加を経験した記録サンプルとは別の学生の記録の中に、企画運営に対する批判的考察が記載されていた。批判的な考察は、実際の保育・教育実習においては慎重にならざるを得ない面もあるが、施設から直接指導を受ける実習とは異なり大学側の責任で指導を行うサービス・ラーニングにおいて可能になる考察といえるかもしれない。しかし、事例を取り上げ、問題点を発見して指摘し、改善点を提案する考察こそが学問的探究には必要な視点であり、保育者・教育者として求められる力量である。このような考察を自由に記載できるサービス・ラーニング実習において、最も注目できる成果として、このような考察面の深化が見られたことを取り上げたい。

2　その他の成果

さらに、名東児童館「キッズシティ」のように、授業の評価には直接つながらない期間等の活動への自主的な参加が増えていることも成果の一つである。どちらかといえば自主活動への参加があまり積極的とはいえなかった学生の姿勢が、実践の楽しさ、発見に対する喜びなどを知ることによって、「もっとやってみたい」という姿勢に変わっていく。その変化によって現場実践への抵抗感が減り、意欲が高まり、活動への参加が増えていく。非常に良い循環が生まれているのではないだろうか。

一方で、受け入れ施設や地域との信頼関係が醸成され、近隣の保育所を含めた新しい活動への展開につながっている面も成果として見逃せない。昨年度から、名東児童館の運営母体となっている名東区社会福祉協議会が主催する、名東区役所・保健所で開催される様々な子育て支援講習会における託児ボランティアに、本学教育学部の学生が参加できるようになっている。このような取り組みに声をかけていた

だいたのは、この間の名東児童館等との信頼関係に基づくものに他ならない。この活動に対しては、1年生に限らず2～3年生の参加も多く、対象児童年齢も0歳児からと幅広く、保育を学ぶ学生にとっての貴重な乳幼児との触れ合いの機会となっている。

【注】
(1) 当初の想定とは異なり、実際には小学校での運動会や学芸会等のお手伝い等に保育士を目指す幼児教育コースの学生が多数参加した。
(2) 児童福祉法の相次ぐ改正によって児童福祉施設の再編が進んでいる。これは2018年現在の児童福祉施設に当てはめた数である。
(3) 名古屋短期大学（代表）、桜花学園大学、名古屋柳城短期大学、岡崎女子大学、岡崎女子短期大学の5大学と愛知県教育委員会・愛知県健康福祉部・愛知県私立幼稚園連盟・愛知県私立保育園連盟・愛知県保育士会が連携し、2012年度文部科学省「大学間連携共同教育推進事業」として採択された事業であり、保育者養成の「充実と発展」や「保育の質保証」に取り組んでいる。
「文部科学省・大学間連携共同教育推進事業　保育コンソーシアムあいち」(2015) http://www.nagoyacollege.ac.jp/hca/index.html.
(4) 岡田泰子他（2010）「『あそびすと』養成講座の成果について」『中部学院大学・中部学院大学短期大学部研究紀要』(11) 中部学院大学・中部学院大学短期大学部、pp.184-192。
(5) 武田直樹（2011）「日本の大学教育におけるサービスラーニングコーディネーターの現状と課題」『筑波学院大学紀要』(6) 筑波学院大学、pp.119-131。
(6) 児童館のU.S.とは「ユーススタッフ」を意味しており、中学生の居場所提供に対応する有償ボランティアと位置づけられる。本学子ども発達学科3年生が1月に新規採用され、その後も引き継がれながら本学の学生が担当させてもらっている。
(7) 杉原真晃・橋爪孝夫・時任準平・小田隆治（2015）「サービスラーニングにおける現地活動の質の向上――地域住民と大学教員による評価基準の協働的開発」『日本教育工学会論文誌』(38) pp.341-349。

■活動風景

伊藤龍仁ゼミ「とだがわこどもランド」と共同企画「レッツゴーシャボン玉」

保育所夏祭り手伝い　　　　　　　児童館で小学生たちと触れ合う

児童館でケン玉やコマ回しで子どもたちと遊ぶ

第7章　サービス・ラーニングと地域連携

柿原　聖治

I　サービス・ラーニングの試行の成果

1　新たな視点の獲得

　学生は、保育士や教師の仕事について、これまで見過ごしていたことに気づき、意識的に見ることができるようになる。例えば、授業における子供に対する声かけの工夫、入念な事前準備の重要性、安全性の確保など、教える側から見ることができるようになる。また個人としての仕事だけでなく、教員同士のチームワークの重要性も分かるようになる。さらに、学生は、いろいろな所に行くことで、自らのキャリア・デザインを見直すこともできる。正規の実習と違って、浅く広く見渡せる。独自方針の保育所や幼稚園があったりして、自分に合った所を見つけようとする視点を得られる。また、小学校希望の学生であっても、保育所や施設に行くことで幅広い経験を積むことができる。このように、多様な視点を得る貴重な機会となっている。

2　主体的に行動する学生の育成

　ボランティア活動を重ねている学生は、教員から指示されなくても、自分で考え、行動するように努めるようになる。最初は義務的に参加していた学生も、実践と振り返りを通じて各自の活動を見つめ直し、自分自身にとっても有意義なものになっていることに気づくようになっていく。

　また、現場で学んだものの見方・考え方を他の場面にも応用できるようになり、自分がどう動けばよいか考える習慣もついてくる。このように、指示待ち症候群から抜け出し、先を読んで行動する学生が育ちつつある。

3　学生相互の学び

　この活動によって、学生は学外に出て保育・教育現場を目の当たりにし、大いに刺激を受けている。そしてそこで得られた感動をボランティア発表会（「基礎演習」の一部）で他の学生にも広め、学びを共有している。このように、自発的に動き、学んできたことを交流することで、互いに高め合うことのできる集団ができている。

4　保育・教育実習への準備

　これまで、最初に実習に出る2年生はトラブルを抱えることが多かった。学年が上がると徐々に減ってくるものの、最初の実習がいかにハードルが高いかが分かる。そのハードルを少しでも下げるために、このサービス・ラーニングの効果が期待される。保育・教育現場を身近に感じることで、仕事のイメージがわき、自分自身の課題も把握でき、日々の大学生活を充実させることができる。保育・教育実習へのソフト・ランディングである。

Ⅱ　サービス・ラーニングの今後の課題

1　参加への意欲喚起

　学生の中には、どうしても学外実習に関心が薄く、全く参加しない者がいる。その理由として、学外実習を始めるには敷居が高いことが考えられる。そういう学生をいかに引き込むかが一番の課題である。しかし、そういう学生も、大学祭のボランティアや学内の行事には参加していることがある。いきなり、教育現場に足を運ぶには抵抗がある場合も、まずは身内のボランティアからという考えで、動くことができる。同期の学生がやるボランティア発表会のような、彼らを触発する機会をより充実させたい。

　また、学外実習は名東区内が中心なので、大学からそんなに遠くなく、気軽に行くことができる。さらに、大学で10台の自転車を購入してもらい、借用できるようになり、利便性が高まっている。このようなハード面の充実も、引き続き取り組む必要があろう。

2　受け入れ側の理解

　サービス・ラーニングの実施には、受け入れ側の協力が大前提となる。2014（平成26）年度から教育学部の定員が増えた。それに伴い、サービス・ラーニングをしたいという学生が増加することが予想される。受け入れ側を増やす必要があるが、そのためにも、大学側と受け入れ側の双方が地域連携の意義を再認識し、両者にとって有益な取り組みとなるように努めていかなければならない。

3　科目化

　サービス・ラーニングの成果が、大学の教職員に評価され、皆の理解が得られてきた。サービス・ラーニングを正規の授業にしようという方向で大学全体が動き、講義科目となった。正規の授業に格上げされると、非常に動きやすくなり、全員がサービス・ラーニングを体験できるようになる。但し、単位のためという学生があらわれていることも事実である。

4　空き時間の確保

　学生にとって、まとまった空き時間がなければ、学外の活動に出て行くことはできない。また、受け入れ側の小学校などから「5、6人の学生をお願いしたい」という要望があることがある。そのときは、同時に複数の学生が空き時間を確保せねばならず、さらに難しくなる。サービス・ラーニングが正規の授業になると、ある程度は解決するが、すべてのサービス・ラーニングが正規の授業になるわけではないので、空き時間の確保方法は課題として残る。

5　社会人としての自己管理

　学生は大学内では座っていることが多いが、教育現場に行くと、ずっと立ちっぱなしになる。
　教育実習に行く前に、まずは基礎体力を付けること、日々の生活を規則正しくし、遅刻をなくし、健康に過ごすことから始める必要がある。まずは、社会人としての最低限の自己管理が徹底されていなければならない。

Ⅲ　サービス・ラーニングと地域連携のあり方

　サービス・ラーニングの実施には、受け入れ側の協力が大前提となる。大学側と受け入れ側の双方が地域連携の意義を認識し、両者にとって有益な取り組みとなることが求められている。そうすることで、共生の関係が築かれ、地域に活力を生み出す役割も果たす。

　地域連携によって大学の教育内容が充実し、ひいては学生の成長につながるものである。大学の将来像を考えた場合、地域連携はますます重要になってくる。

　本大学では、所在地である名東区を中心に地域連携を図ってきた。小学校、児童館、保育園、小劇場、図書館などが連携先である。

　本大学は 2014 年度に教育学部の定員が増加した。さらに、2016 年度にサービス・ラーニングが大学の正式な講義科目になった。それに伴い、サービス・ラーニングをしたいという学生が増加し、受け入れ側を増やす必要に迫られた。地域の小学校、幼稚園などを訪ねて、サービス・ラーニングの趣旨を理解していただき、受け入れ可能かどうかを打診し、少しずつ増やしてきた。今ではボランティアの依頼を受けるところまでに至っている。

　また、初期の段階では、連絡の窓口は、教育学部が行ってきた。しかし、依頼が増えるにつれ、対応が複雑になり、一部の教員だけに負担がかかり問題になっていた。そこで、今では全学の組織である「地域連携センター」も分担して担当している。教育学部特有のボランティアは依然として教育学部が担当するが、必ずしもそうではないものは、地域連携センターを通して、広く大学全体に情報を周知し、募集をかけるようになった。地域のニーズを吸い上げ、すぐに実行に移せるように、窓口のすみ分けを進め、募集の効率を上げている。

　特に、平和が丘小学校の「いきいき土曜学習」は地域連携がうまくいった例である。双方が利益を感じ、この活動は 3 年続いている。体育館を使って普段の授業ではできないような大規模な活動を行っている。大学生にはよい勉強の場になり、子どもたちにとっては貴重な体験になっている。

　保育士不足が叫ばれている中、地域連携をして学生を送り出すことは、双方にとって有益になっている。

第7章 サービス・ラーニングと地域連携

表7-1 2014～2017年度に実施したサービス・ラーニング

2014～2016年度

時期	活動場所	活動内容
5月上旬	とだがわこどもランド	大学と共催のイベント
5月下旬	猪高小学校・猪子石小学校・香流小学校・北一社小学校・貴船小学校・平和が丘小学校・名東小学校・蓬莱小学校	運動会設営準備・運営補助・片付け
6月以降	名東児童館・天白児童館	施設の手伝いと子どもとの触れ合い
6月以降	和進館保育園・平田保育園	保育補助
7月上旬	九番保育園　東きふね幼稚園 平和が丘小学校	夏祭り手伝い・流しそうめん会 図書整理
7月中旬	平和が丘小学校PTA行事	造形ワークショップ
7月下旬	名古屋市障害者スポーツセンター	納涼祭手伝い
9月上旬	名東区子育てネットワーク	「ミニ広場」会場案内・託児手伝い
9月上旬	名古屋市親和会	里親親子デイキャンプ
9月下旬	貴船小学校・高針小学校・香流小学校・東海小学校	授業参観
10月上旬	よもぎ幼稚園	運動会設営準備・運営補助・片付け
10月中旬	よもぎ幼稚園	遠足引率
11月中旬	高針小学校・平和が丘小学校・蓬莱小学校	学芸会
11月中旬	貴船小学校・名東小学校・香流小学校	作品展準備・片付け
11月中旬	とだがわこどもランド すくすくメイト子育てふれあい広場	秋祭り 会場案内・託児手伝いなど
12月上旬	香流小学校	香流フェスティバル参観
1月上旬	よもぎ幼稚園	造形ワークショップ
1月中旬	珉光幼稚園	MINKO CHILD COLLECTION
1月下旬	名古屋市里親会	もちつき大会
2月上旬	名東区子育てネットワークミニ広場	会場案内・託児手伝いなど
通年	珉光幼稚園・モリコロパーク	ボール遊び・遊びの補助
通年	極楽小学校・岩塚小学校・桜小学校・川中小学校・植田南小学校・正木小学校・しまだ小学校	土曜学習いきいきサポーター

2017年度

時期	活動場所	活動内容
4月以降	名東児童館	施設の手伝いと企画運営
5月上旬	とだがわこどもランド	大学と共催のイベント
5月下旬	平和が丘小学校・蓬莱小学校・貴船小学校・香流小学校・北一社小学校・猪高小学校・猪子石小学校	運動会設営準備・運営補助・片付け

7月上旬	東きふね幼稚園	流しそうめん会
8月上旬	名東文化小劇場	「あつかまれKIDSたいけんDAY」企画・運営
8月上旬	名東区役所	子どもミーティング補助
9月上旬	名東区子育てネットワーク	「ミニ広場」会場案内・託児手伝い
10月上旬	とだがわこどもランド	とだがわこどもあきまつり2017手伝い
11月中旬	香流小学校	作品展手伝い
11月中旬	東きふね幼稚園	運動会補助
12月下旬	名東児童館	クリスマス会
1月中旬	北一社小学校	授業参観
1月中旬	珉光幼稚園	MINKO CHILD COLLECTION
1月下旬	名東図書館まつり	イベントの企画・運営
1月下旬	平和が丘小学校PTA行事	造形ワークショップ
2月上旬	名東区子育てネットワーク	「ミニ広場」会場案内・託児手伝い
通年	鶴舞小学校、大宝小学校、鳥羽見小学校、平和小学校、長須賀小学校、黒石小学校、川中小学校、平子小学校、二城小学校、自由が丘小学校、西築地小学校、岩塚小学校	土曜学習いきいきサポーター

■参考資料　名東区近隣地図

　本学と訪問した近隣9小学校に印を付けたが、名東区内には他にも多くの小学校、幼稚園、保育所、児童福祉施設などがある。近隣諸機関でのサービス・ラーニングの取り組みは、同時に本学部としての地域社会貢献である。この地図は、大学から諸機関への方向を見当づける資料として利用している。

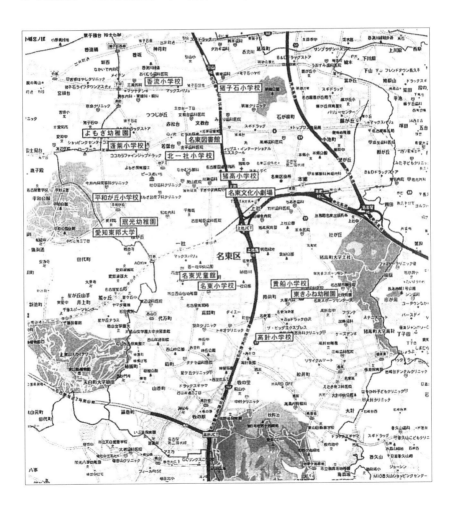

■活動風景

名東図書館まつり

名東文化小劇場「あつまれ KIDS たいけん DAY」に向けての会場打ち合わせ

名東区役所主催「名東区子どもミーティング」の様子

第 8 章　大学 1 年生によるサービス・ラーニングの参加実績——愛知東邦大学 Web サイトより

伊藤 数馬

I　大学 1 年生によるサービス・ラーニングの活動報告

　教育学部発足と同時に取り入れた「サービス・ラーニング」は 2 年間の取組みの結果、2016（平成 28）年度から「サービス・ラーニング実習」として教育課程の中に科目として位置づけ、単位化された。この「サービス・ラーニング」とは、大学 1 年生を中心に、学生たちが地域の小学校・幼稚園・保育所・児童館などの諸機関を訪問し、奉仕活動（サービス）を通じて経験学修（ラーニング）を積み上げる実践的方法である。従来のボランティア活動の捉え方を「学修」に力点を置いて捉え直したものである。

　本章では、本学 Web サイトに掲載された活動報告より、教育学部 1 年生を中心とした学生のサービス・ラーニングの活動風景の一端を紹介する（以下、教員の役職は当時のもの）。

1　「子育てふれあいミニ広場」を教育学部生たちがサポート（2016 年 2 月 16 日）

　名東区の子育て支援ネットワークによる「子育てふれあいミニ広場」が 2 月 16 日、愛知東邦大学で開催されました。「子育てふれあいミニ広場」は名東区内で年に 6 回ほど開かれていますが、愛知東邦大学では 2015 年 2 月に名東区と連携協定を締結したこともあり、これまでに 2 回、ミニ広場の会場を提供しており、今回で 3 回

目となります。

　午前 10 時から始まったミニ広場では、B002 教室で、自治体などと協働して親支援活動を行っている「Office MOTOHIRO」代表の競朗子（きそいあきこ）さんが、子育て中の若い母親たち約 60 人に、「どならない子育て——子どもの発達としつけのスキル」のテーマで講演。隣の B001 教室は託児ルームとなり、教育学部子ども発達学科の 1 年生 16 人が保育士さんたちとともに受講中の母親たちのために子どもたちの世話にあたりました。

　今津孝次郎教育学部長は「正規の保育士さんだけでは目の行き届かない分を、学生たちがしっかりとサポートしてくれた。乳幼児と触れ合う機会が少ない学生たちにとっても貴重なサービス・ラーニングの一環となりました」と話していました。

　学生たちはこのほか、参加者たちのために、A 棟カフェテリア前でのベビーカーの整理や、ミニ広場終了後、L 棟の絵本コーナーに立ち寄る母親たちの案内役なども務めていました。

　閉会時には会場全体の運営統括に当たった新實広記助教が担当校を代表してあいさつをし、半日のミニ広場が無事終了しました。

2　教育学部でサービス・ラーニング実習報告会（2016 年 7 月 22 日）

　教育学部は 7 月 22 日、サービス・ラーニング実習報告会を開催しました。報告会は 1 年生前期科目の「サービス・ラーニング実習 I」の授業として行われ、名東区内を中心とした小学校や幼稚園などでの実習についての体験が発表されました。

　今津孝次郎学部長による開会あいさつと、学生たちの実習現場での活動風景の紹介の後、11 グループがそれぞれの実習報告を行いました。このうち小学校での運動会運営の補助実習について発表したのは最初の 8 グループ。5 月 27、28 日に実施された 8 小学校（平和が丘、蓬来、貴船、香流、猪子石、北一社、名東、猪高）の運動会でのサービス・ラーニング実践が報告されました。

続いて、名東児童館行事スタッフとしての6月23日〜7月16日まで5回にわたる活動報告、東きふね幼稚園で7月2日に取り組まれた「流しそうめん会」、平和が丘小学校で7月8日に取り組まれた図書整理ボランティアでの活動についての報告が行われました。

報告した学生たちからは、「今までは参加する側だったので気づかなかったが、行事を運営する側の先生たちの仕事の大変さがよく分かった」「子どもたちはやはりかわいい。改めて自分もぜひ先生になりたいという気持ちが高まりました」などの感想も聞かれました。

最後に学部長補佐の後藤永子教授が講評。「体験した実習は想像していた以上に大変だと実感したと思いますが、実際に社会に出てからの仕事はもっと厳しい。サービス・ラーニング実習を通して学んだことを、今後の大学生活において生かしてほしい」と、学生たちを激励しました。

3　教育学部の学生も参加して「子育てミニ広場」（2016年9月2日）

子育て中の若い母親らを対象にした名東区の「子育てミニ広場」が9月2日、愛知東邦大学で開催されました。名東区の「子育て支援ネットワーク」に参加する保育園の先生らが様々な遊びを紹介したり、子育て支援のアドバイスを行うイベントで、名東区と連携協定を結んでいる愛知東邦大学では4回目の開催となります。

B棟プレイルームでの開会に先立ち、実行委員長の宮野貴子・名東保育園園長は、この日の「ミニ広場」が、猪子石第一保育園、極楽保育園、よもぎ保育園、星ヶ丘にじ保育園、名古屋東認定こども園、名東保育園、ボランティアスタッフ、それに保育士をめざす愛知東邦大学の学生たちの協力によって運営されていることを紹介。愛知東邦大学地域連携センターの柿原聖治教育学部教授も「多くの皆さんの協力でこうした広場が開催できることを感謝します。学生10人も教育実習のつもりで参加し、お世話になりますの

でよろしくお願いします」と学生たちを紹介しました。

約40組の母子らが参加した「ミニ広場」では、親子手遊び、パネルシアター、みんなで歌おう、体操などが次々に紹介され、参加した教育学部子ども発達学科の2年生ら10人も、保育士さんたちの"プロの指導"を熱心に見学していました。

参加者たちは学生たちの案内で、L棟、S棟、カフェテリアなど学内を見学して回るスタンプラリーも体験したほか、子ども向けの本がそろっているL棟の絵本ギャラリーなども興味深そうに見て回っていました。

今津孝次郎教育学部長は「学生たちにとっては貴重なサービス・ラーニングの場であると同時に、愛知東邦大学にとっても、地域に開かれた、子育て支援の環境が整った大学であることを知ってもらういい機会になった」と話していました。

4 教育学部1年生23人が名東文化小劇場の子ども向け企画会議に参加
（2017年5月19日）

愛知東邦大学は2017年度から、名東文化小劇場（名東区上社一丁目802番地 上社ターミナルビル3階）とパートナーシップ協定を結び、メセナ（芸術・文化の援護）パートナー活動に取り組んでいますが、教育学部の1年生たちが8月7日に同劇場で開催される小学1～6年生対象にした夏季ワークショップの企画運営にあた

ることとなり、5月19日、第1回打ち合わせ会議が行われました。

同劇場から教育学部に企画運営への参加依頼があったのは、「あつまれ！KIDSたいけんDAY」というワークショップ企画。第1回打ち合わせ会議は午後3時15分から同小劇場に隣接する上社レクリエーションルームで行われ、5月12日のサービス・ラーニング授業での参加募集に応えた1年生23人が参加しました。

学生たちは早川正晃館長から、同施設の役割や事業内容、企画するワークショップの狙いなどの説明を受けた後、会場の見学を行いました。打ち合わせ会議の予定時間は、約1時間でしたが、半数近い学生が全体会議終了後も、職員スタッフとの

確認等を行いました。

参加学生たちは「名東文化小劇場は多くの人が楽しめる施設がたくさんあり、充実しているなあと思いました」「子どもから年輩の方々まで使える施設なので、多くの皆さんに楽しんでもらえる企画に仕上げられるよう頑張りたい」「整った施設の機材をフル活用して本番を成功させたい」など、意欲をのぞかせていました。

「プレ教育実習」である「サービス・ラーニング」は2016年度から教育学部の正規科目としてスタートしています。これまでの実習体験先である小学校、幼稚園、保育所、児童館に加えて、2017年度からは、地元の名東文化小劇場で、子どもを対象にしたワークショップの企画運営という、さらにレベルアップした新機軸に挑戦することになりました。

5　教育学部でサービス・ラーニング実習報告会（2017年7月21日）

教育学部は7月21日、サービス・ラーニング実習報告会を開催しました。1年生前期科目「サービス・ラーニング実習Ⅰ」の授業として行われ、名東区を中心とした小学校や幼稚園、児童館などでの実習についての体験が発表されました。2017年度は、新しく名東文化小劇場や名東区役所と連携した活動の報告も行われました。

今津孝次郎学部長による学生たちの実習風景の紹介の後、7グループがそれぞれの実習報告を行いました。

名東文化小劇場のグループは、チームK・I・D・Sに分かれ、「あつまれKIDSたいけんDAYS」でのダンスや、探検ラリー、バルーンアート、紙ヒコーキ、キーホルダー、インテリア風船作りなどの企画運営について報告。名東区役所グループは、「子どもミーティング」の準備や運営について報告しました。

学生グループからの報告として、5月27日、28日に実施された7小学校（平和が丘、蓬来、貴船、香流、猪子石、北一社、猪高）の運動会のサービス・ラーニング

実践が紹介されました。

続いて名東児童館の行事スタッフ、とだがわこどもランドの行事スタッフ、名古屋市教育委員会の土曜学習いきいきサポーターからの活動報告、7月8日に実施された東きふね幼稚園の流しそうめん会での活動の報告が行われました。

参加した学生たちからは、「今まで気づかなかった現場の先生方の大変さが少しわかりました」「子どもたちはとても可愛くて、成長が近くで見られて、先生という仕事はとてもやりがいのある仕事だと思った」「このサービス・ラーニング実習を行って、将来の夢に一歩近づけた」などの感想も聞かれました。

最後に中島弘道教授が講評。「現場ではとても厳しいことが待ち受けている。サービス・ラーニング実習を通して学んだことを今後の大学生活に生かしていってほしい」と学生たちを激励しました。

6 教育学部の学生たちが「名東区子どもミーティング」をサポート（2017年8月6日）

名東区が主催する「子どもミーティング——みんなでつくろう夢のまち」が8月6日、同区役所講堂で開催されました。教育学部の1、2年生たち22人が、ワークショップのファシリテーターとして、参加した20人の小学5・6年生たちの生の声を引き出して取りまとめる支援活動を担当しました。

「子どもミーティング」は名古屋市内各区で実施されている「区民ミーティング」の小学生版。市内では名東区が初めての開催で、未来の名東区をどんな街にしたいか、未来を担う小学生たちに自由に話し合ってもらおうと企画されました。

学生たちに託されたのは、子どもたちが描く「夢のまち」のイメージをまとめあげるサポート役。2年生の学生が中心となり、4月から名東区役所とイベント内容の調整を行うとともに、学生同士での打ち合わせやリハーサルを重ねてきました。

ワークショップでは地域への奉仕活動を通じて学ぶ授業「サービス・ラーニン

グ」を 2016 度体験した 2 年生たちが中心になり、2017 年度体験中の 1 年生と一緒にグループに分かれてミーティングを見守りました。学生たちは子どもたちの意見を、付箋を使って整理するなどして進行をバックアップ。1 時間が経過した頃には、「安全を考えたまち」「みんなが笑顔になれるまち」「人や動物、だれでも過ごせるまち」など各グループが描いた発表内容をまとめることができました。

　ワークショップが始まる前には、学生たちは「はち丸」や「めいとう勝家くん」などのマスコットキャラクターに扮したり、35 度を超える炎天下の中、中庭で公開された災害対策車両や消防タンク車などへ子どもたちを誘導する役目も務めました。

　「子どもミーティング」終了後、学生たちはワークショップアドバイザーである地域問題研究所調査研究部長の加藤栄司さんから、「子どもの意見を引出すだけでなく、子どもの言葉から何を読み取るかが大切」「子どもの思いを拾うこと」などのアドバイスを受けました。学生たちからは「あっという間に時間がすぎて楽しかった」「見たことのない子どもの真剣な顔を見ることができた」などの声が聞かれました。

7　教育学部生たちが名東文化小劇場で「あつまれ KIDS たいけん DAY」を企画運営（2017 年 8 月 7 日）

　名東文化小劇場（名東区上社一丁目 802 番地、上社ターミナルビル 3 階）で 8 月 7 日、愛知東邦大学教育学部の 1 年生たち 22 人が企画運営すべてに携わった、同劇場主催「あつまれ KIDS たいけん DAY」が開催されました。夏休み中の小学生たちに楽しいワークショップを体験してもらおうという狙い

で、学生たちにとっては、地域への奉仕活動を通して学ぶ「サービス・ラーニング」の一環で、同劇場では初めての実践となりました。

　「あつまれ KIDS たいけん DAY」は午前 10 時半から午後 4 時半まで、ほぼ 1 日かけて 12 講座が行われる予定でしたが、台風 5 号の接近で午前中の 4 講座だけで

終了しました。それでも90人を超える小学生たちが「和太鼓に挑戦！」「めいとう上社探検ラリー」「世界一の紙ヒコーキを作ろう」「プラ板で作るキーホルダー」の各ワークショップに参加しました。

学生たちは5～6人単位で4つのグループに分かれ、各ワークショップを運営。中には担当したワークショップを少し早く切り上げて、午後に開催予定だった「風船どうぶつえん」のワークショップも併せて実施し、風船で犬を作るなど臨機応変な対応で子どもたちを喜ばせたグループもありました。

運営に携わった学生たちからは、「子どもたちの予想できない行動に戸惑う場面もあった」「5人で29人の子どもたちを見ることは大変」などと感想を語りながらも、1年次からの「プレ教育実習」とも言える貴重な体験となったようです。

同劇場の早川正晃館長からは「学生の企画は小学生にピッタリで良かった」と評価されました。この取り組みは、『中日新聞』8月8日朝刊・市民版に大きく掲載されました。

8　教育学部1年生たちが「サービス・ラーニング」実習報告会（2018年1月26日）

教育学部で1月26日、1年生後期科目「サービス・ラーニング実習Ⅱ」の授業最終回として、実習報告会が行われました。実習先として、名東図書館でのイベントの企画・運営、東きふね幼稚園の運動会の補助、香流小学校の作品展の補助、土曜学習いきいきサポーターの活動など、多くの現場での体験が報告されました。

名東図書館での「愛知東邦大学のお兄さん・お姉さんと本で遊ぼう！！――図書館の楽しさを知ろう！」に取り組んだ学生たちからは、「宝探し、昔あそび」「絵かるた」「アフターストーリー劇」「ガイドツアー」などの各イベントで、参加者も合計200人を超え、子どもたちにも大好評だったという報告がありました。また、各実習においても、大学生なりの視点で考えられた創意あふれる活動の報告がされました。

前期終了時より、サービス・ラーニングの活動を通じて、さらに成長した姿がありました。報告会後には、「どの実習先でもみんな頑張っていた。一人ひとり経験を通じて得たものが大きかった気がします」「実習を通じて子どもたちの楽しそうな様子に触れることができ、これからの学習にも生かしていきたいと思った」「先生の立場から物事を見ることができて、実習経験を通じて、自分自身も大きく成長できました」という学生の感想もありました。

参観された先生方からは、「やればできるという経験、感動したという経験は、これから職場で必ず生きる」という講評をいただきました。今津孝次郎学部長からは、「地域と関わる中で、地域の諸機関からのお誘いが増え、地域から育てられている、子どもから育てられている大学生という感想をもちました。次の1年生へぜひ今年のノウハウをコーチングしていって欲しい」との総評がありました。

9　教育学部1年生70人が名東区内8小学校の運動会でサービス・ラーニング（2018年5月26日）

教育学部が2014年度に開設されると同時に、1年生の「サービス・ラーニング」が始まりました。全国の大学で流布している単なる「学校ボランティア」ではなくて、地域の諸機関での奉仕活動（サービス）を通じて経験学習（ラーニング）を行う独自の取り組みです。手初めに5月末に開かれる名東区内の小学校運動会で、入学直後の学生たちが毎年のようにお手伝いをしてきました。

その運動会参加も今年で5年目となり、これまでで最も多い70人（男子30人、女子40人）が全8小学校に各6〜10人に分かれて参加し、5月25日（金）午後の会場設営準備と26日（土）の運動会本番で多彩な活動を行いました。

今年は参加学生が多いために、新たに受け入れてもらった小学校では、10人（男子6人、女子4人）が、学年別のサポート役や得点係、待機要員などの役目を担って、運動会の運営を舞台裏から経験することができました。

「昨日の会場設営準備から大いに動いてもらっています」と校長先生が嬉しそうに語ってくれました。参加学生の一人は、「学校から明確な指示が与えられるので動きやすいし、先生方が気軽に声をかけてくれるので楽しい。高学年の子どもたちは私たちにまで敬語を使って丁寧に接してくれるので感心しました。来年も来たいです」と声を弾ませていました。写真は、徒競走でゴールインした子どもたちを順位別のグループに案内する女子学生、そして紅白対抗の得点を紅白のパネルで掲げる得点係の男子学生の様子などです。

今回の様々な経験をキャンパスに持ち帰って、その意味と意義を振り返って考察すること、さらに今後とも幼稚園や保育所、児童館などでサービス・ラーニングを広げて深めていくこと、この二つが1年生のサービス・ラーニングの課題です。

10 教育学部で1年生たちがサービス・ラーニング実習報告会（2018年7月20日）

教育学部は7月20日、サービス・ラーニング実習報告会を開催しました。報告会は1年生前期科目「サービス・ラーニング実習Ⅰ」の授業で行われ、名東区を中心とした小学校や幼稚園、名東児童館、名東文化小劇場、名東図書館などでの実習体験が発表されました。

最初に、今津孝次郎教授が、学生たちの実習風景を紹介。その後、各グループから、それぞれの実習の様子について報告が行われました。

まず、5月26日に実施された名東区の8小学校（平和が丘小、蓬来小、貴船小、香流小、猪子石小、北一社小、猪高小、本郷小）の運動会でのサービス・ラーニング実習について報告。続いて、名東文化小劇場のグループが、8月7日に開催される「あつまれKIDSたいけんDAY」の準備の様子について報告しました。

名東図書館のグループからは、ジュニアサポーターとして行っている図鑑づくりについて、名東児童館グループからは、行事スタッフとしてイベントを企画運営している様子について報告が行われました。

さらに、上社幼稚園グループからは、6月16日に実施された父親参観日での活動、東きふね幼稚園グループからは、6月30日に実施された流しそうめん会での活動について、名古屋市教育委員会主催の土曜学習いきいきサポーターグループからは、名古屋市内の様々な小学校での活動についての報告が行われました。

参加した学生たちからは、「運動会の裏方をすることが初めてで、先生方のテキパキした準備のおかげで行事が成り立っているということを初めて知りました」「先生たちはいつでも子どもたちの安全や健康に気をつけて活動しており、とても感銘を受けました」「現場の先生方のように、子どもたちができないところを手伝ってあげられるような先生になりたい」など様々な感想が聞かれました。

講評した堀篤実学部長補佐は、「多くのことを学び、気づいたサービス・ラーニングでした。報告した学生の皆さんはキラキラしていて素敵だなと思いました」と学生たちを激励しました。

11　教育学部1年生が名東文化小劇場で小学生とワークショップ（2018年8月8日）

名東文化小劇場（名東区上社一丁目802番地、上社ターミナルビル3階）で8月7日、小学生を対象にした「あつまれKIDSたいけんDAY」と題されたワークショップが開かれ、教育学部1年生20人がその企画運営に活躍しました。夏休み恒例のイベントで、昨年から教育学部1年生がサービス・ラーニングの一環として参加するようになり、今年で2年目になります。

ワークショップは午前10時から午後3時半まで開催されました。午前中は1限目として、小劇場内のホールと三つのレクリエーションルームで四つのワークショップが同時並行して各90分間開かれました。

20～30人の子どもたちと5人ほどの学生がグループとなり楽しんだ活動は、学生自身が3回の準備会合を経て独自に企画した「メンコを作って遊ぼう」と「カラ

フルなキャンドルを作ろう」、そして専門家の指示を得ながら運営協力する「和太鼓でドン」と「演劇でコミュニケーション」でした。

　学校や幼稚園・保育所とは違って、地域の文化事業の現場を初めて経験する学生たちは最初戸惑いながらも、様々な活動を子どもたちと一緒になって楽しみました。午前中だけでも全体で100人以上の子どもたちが集い、付添いの保護者も見守る大にぎわいのイベントになりました。めったに味わえない地域での貴重な機会を得ることができました。

　午後も2〜3限目として、八つのワークショップが開かれました。学生独自の企画としては「オリジナル紙ヒコーキを作ろう」「フォトフレームをデザインしよう」「PONPONヒップホップ」「"ミニパフェ"をつくろう」が行われ、一から企画を工夫して具体化し、実行する楽しさ、難しさ、改善の課題などを感じ取る実り豊かなサービス・ラーニングとなりました。

Ⅱ　大学1年生によるサービス・ラーニングの活動を振り返って

　2014年度から教育学部の発足とともに取り組んできたサービス・ラーニングの活動は、地域諸機関からも好評を得ており、社会貢献活動としても意義深い効果を上げている。とりわけ大学1年生によるサービス・ラーニングの参加は、全国的にも珍しい取り組みであり、貴重な成果を上げていると考えている。

　今後も大学1年生段階よりサービス・ラーニングの活動に継続的に取り組ませ、学生に「学修」経験を積み重ねさせるとともに、社会貢献活動にも寄与していきたい。

■活動風景

サービス・ラーニング実習報告会

第9章　サービス・ラーニング実習における
リフレクション

白井　克尚

I　サービス・ラーニング実習とリフレクション

　教育に携わる専門家として必要となる「リフレクション」に関しては、これまでにも多くの研究において、その重要性が指摘されてきている（本稿では、「省察」を全て「リフレクション」として表記する）。また、サービス・ラーニング（以下、SL）における「リフレクション」の重要性についても、これまでの先行研究において以下のように指摘されている。

　倉本（2008）は、「SL を通して生徒が、問題解決・分析に必要なスキルを獲得し、創造的な解決方法を発展させることが期待されるが、リフレクションなしには、そのサービス体験の意味を自覚することもできず単発的なイベントに終始してしまう」[1] と述べている。すなわち、リフレクションの有無が、単なるボランティア活動と SL 実習を分ける決定的な違いであり、リフレクションが重要な学習活動であるとして位置づけている。唐木（2008）は、日本型 SL におけるリフレクションが、従来の一方的な知識伝達型の授業を変革させる可能性を有していることについて述べ、「SL では『読む』『書く』『為す』『話す』の四つの振り返りの手法を効果的に利用することが必要」[2] であることを指摘している。加藤（2016）は、米国 SL におけるリフレクション研究の成果をふまえ、総合的な学習の時間を充実させるために有用な SL のリフレクションを整理し、(a) 継続的に行われる、(b) アカデミックな内容と関連付けられる、(c) 質の高い思考スキルを使用する、(d) 多様な表現方法を含む、(e) 社会的・市民的問題と関連付けている、(f) 複雑な状況や文脈における経験によって引き起こされる、(g) 経験を踏まえ、自分の在り方を問い直す、といった特質を整理して論じている [3]。つまり、これらの先行研究では、SL におけるリフレクションが、学びをより深めることを指摘してきた点で意義があるといえる。

しかし、これらの先行研究は、小・中・高等学校における総合的な学習の時間を主たる対象としているため、大学におけるSLのリフレクションのあり方を検証するには至っていない。本学教育学部では、2014（平成26）年度より1年生を対象としてSLの実践に取り組んできた。こうした取り組みは、全国的にも珍しいとされている。そこで、本章では、教員と保育士の養成における「SL」の実践研究[4]を通じて明らかになった学生のリフレクションの特質について、「参加ノート」「振り返り」などの分析に基づき論じていきたい。

Ⅱ 「参加ノート」「振り返り」について

今津（2017）は、本学教育学部における小学校運動会のSL実習を事例として、その「良き体験」を振り返ってさらに検討し深く考えていく「省察」するための諸課題について、次のように述べている[5]。

1. 運動会は大きな小学校行事の一つである。運動会に類する学校行事は世界各国にあるかどうか、学芸会や作品展についてはどうか。国際比較の観点から日本の学校文化の特徴を学校行事の点から検討してみるとどうなるか。
2. 運動会の目的は何か。運動能力や身体の発育の促進か、学芸会や作品展とも合わせるなら「表現力」を高めるという共通項もありそうだ。大勢の保護者が見に来るので、学校を「開放」し、普段の取り組み成果を発表するという地域のなかの学校の存在をアピールする側面も見落とせない。
3. かつての児童の立場でなく、今回「教師の立場」から運動会に参加すると、どのような違いが生じたか。運動会の如何なる面がどのように新たに見え始めたか。運営に携わる教師の動きはどうか、教師が子どもにいかに関わっているか、運動会当日に向けて教師はこれまでどのような練習と準備を積み上げてきたか、など。
4. 子どもの集団構成で、縦割グループとか、男女混合の組体操とかが過去と異なっているとすれば、それはどうしてか。児童の集団構成の考え方に大きな変化が生じたのか。少子化やジェンダーに関する変化と関係するのか否か。
5. 高学年の児童が主体となって器具を準備していたとすれば、それは可能な

限り子ども中心で運動会を運営するという方法に立脚しているからか。プログラム進行アナウンスも児童が担当している運動会も多いこととも合わせて検討すると何が言えるか。1年から6年まで、6年間の子どもの成長発達について、小学校教育はどのような基本的理解をしているだろうか。

　ここからは、小学校運動会のSL実習における、リフレクションの重要性が示唆される。今津は続けて、「大学に帰ってから参加者全員で調べて討議すれば、SLによる経験に基づく学習はさらに深められることになり、経験を『省察』(振り返り深く考える) する態度が養われるでしょう。つまり、単に現場を経験すればよい、ということではなくて、経験から学習を本格的に出発させるということが重要です」と述べている。このような視点に基づいて、本学教育学部では、リフレクションを重視して教員と保育士の養成におけるSLの実践研究に取り組んできた。学生に求められる姿勢としては、訪問先での諸経験や感想・考察・課題などを必ず記録する。記録することは、①よく観察すること、②話に耳を傾けること、③考えること、④次回の課題を考えること、などにつながる。

　以上のような考えに基づき、SL委員会では、「参加ノート」の書式を開発し、修正しながら活用してきた。以下より、学生による「参加ノート」への記述をもとに、学生のリフレクションの特質について論じていきたい。

写真9-1　土曜学習いきいきサポーター

Ⅲ 「参加ノート」に見る学生のリフレクション

1 「子ども観」「教職観」の獲得・深化

　ここでは、2018 年度前期受講生・学生 X の「参加ノート」をもとに、学生の SL 実習におけるリフレクションの特質について、論じていきたい。

　学生 X は、2018 年 6 月 16 日の「バスケットボール体験学習」（名古屋市教育委員会主催・土曜学習いきいきサポーター）の SL 実習に参加した。「参加ノート」には、「子どもにこんなにも接したのがはじめてだった」というように、「子ども観」の獲得の契機となったことがわかる。また、「1・2・3 年生の低学年にとっては今回のバスケットボールの技術授業は、技能的にもレベルが高すぎたのでは？」「プロの選手の方が『190cm』だと身長のことを言ったとき、4・5・6 年の高学年の子は反応があったが、1・2・3 年生の子はあまり反応がなく、『cm』がまだわからないゆえのことかと思った」と記されているように、子どもの発達段階への気づきをもった。

　そして、2018 年 6 月 30 日の「ブロックアート体験学習」（名古屋市教育委員会主催・土曜学習いきいきサポーター）の SL 実習に参加した際の「参加ノート」には、「サービス・ラーニングなどでの実習も、大学での授業も回数を重ねれば、重ねるほど、授業での内容と実習内容をリンクさせることができてきた」と記している。このように、学生 X は、「参加ノート」への記録を通じて、大学で学んだ「理論的知識」と経験を通じて得た「実践的知識」を往還させ、「教職」への思いを高めている様子が窺える。

　したがって、学生 X は、SL 実習の経験を通じたリフレクションにより、「子ども」や「教職」を深化させてきたと捉えることができる。

2 大学教員による励ましと称賛

　次に、2018 年度前期受講生・学生 Y の「参加ノート」をもとに、学生の SL 実習におけるリフレクションの特質について、論じていきたい。

　学生 Y は、2018 年 6 月 30 日の「ブロックアート体験学習」（名古屋市教育委員会主催・土曜学習いきいきサポーター）の SL 実習に参加した。「参加ノート」には、「ただ一つ、悩ましいことがあります」として、「活動後に児童を整列させる際、3 年生を並ばせようとしましたが、一向に言うことを聞いてくれません」「このとき私

第 9 章　サービス・ラーニング実習におけるリフレクション

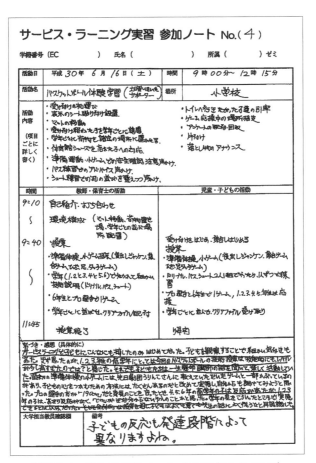

資料 9-1　学生 X 参加ノート（2018 年 6 月 16 日）

は、どうすれば良かったでしょうか」と葛藤した様子を記述している。それに対する大学教員は、朱書きとして、「良い気づきですね。協力を仰ぐ、声のかけ方の工夫、A させたいなら B と言うことなど」というアドバイスを行った。励ましを受けて、「今度挑戦してみます」というように、積極的に答える様子が窺えた。

そして、2018 年 7 月 14 日の「伝統文化（まゆ人形）体験学習」（名古屋市教育委員会主催・土曜学習いきいきサポーター）の SL 実習における「参加ノート」では、「どう言えば彼を納得させることができましたか」「このとき私は、どうすれば良

資料9-2　学生X参加ノート（2018年6月30日）

かったでしょうか」というように記述している。それに対する大学教員によるアドバイスとして、「トラブル→納得、指導、説明、叱る、共感、支援、説得。いろいろな対応の仕方があります。大切なことは、子どもの思いを聞く。事実の確認です」といった朱書きを行った。その後、自信をもって、「自分にできることにチャレンジしてみます」と答える姿が見られた。

このように学生Yは、「参加ノート」への大学教員からの朱書きによる励ましや

資料9-3　学生Y参加ノート（2018年6月30日）

賞賛を受けて、自信をもって実習に取り組んでいった様子がわかる。「参加ノート」への記述や朱書きを通じたリフレクションは、励ましと称賛のプロセスにもなっていたと位置づけることもできる。

　以上述べてきたように、「参加ノート」におけるリフレクションを通じて、大学

資料9-4　学生Y参加ノート（2018年7月14日）

生は、「子ども観」「教職観」を獲得・深化させていたことや、大学教員からの励ましや称賛を受けていたことがわかる。教員と保育士の養成において、「大学生」から「教員・保育士」へと視野の転換を図る上で、「参加ノート」におけるリフレクションが、重要な契機となっていたことが示される。

Ⅳ 「振り返り」に見る学生のリフレクション

1 「振り返り」の特質

2018年度前期履修生のSL実習の「振り返り」の記述をもとに、リフレクションの特質について述べていきたい。

表9-1は、2018年度前期の一連のSL実習後に、「振り返り」として書いたレポート（一部のみ抜粋）から、学生たちがどのようにリフレクションを行っているかについて、リフレクションの構成要素に分けて分類したものである。なお、2018年度前期履修生による「振り返り」を取り上げる理由は、SLの実習先が、小学校運動会、児童館、文化小劇場、図書館、幼稚園、土曜学習いきいきサポーターというように、ある程度確定され、実習内容も確立してきたためである。2018年度前期履修生より提出された「振り返り」の総数は、73名（未提出者は除いてある）である。その中でも、典型的な記述を示すと捉えられる10名の「振り返り」を取り上げて分類した。「振り返り」の選定と、リフレクションの分類と構成要素の妥当性については、共同研究部会で検討した。

表9-1のように、学生によるSL実習を通じた「振り返り」の記述を分析すると、リフレクションの特質を、(a) 実習への意欲・心構え、(b) 理論的な気づき、(c) 資質・教育技術への気付き、(d) 教職・保育職への理解欲、(e) 葛藤・悩み、(f) 自分自身への気付き、というように、六つの構成要素に分類することができる。

(a) 実習への意欲・心構えを記述している学生が多いことに対しては、「SL実習」を行為的に捉えて履修している学生の様子がわかる。また、(d) 教職・保育職への理解、(e) 葛藤・悩み、(f) 自分自身への気付きを記述している学生が多いのは、大学1年生段階における心理状況を示していると思われる。しかし、(b) 理論的な気付き、(c) 資質・教育技術への気付きを記述する学生が少ないことに関しては、理論と実践の往還という観点からしても、授業において手立てを講じていく必要があろう。

2 「振り返り」におけるリフレクションの充実

以下、「振り返り」におけるリフレクションを充実させるための手立てについて、二つの視点から論じてみたい。

一つは、複線的なリフレクションを行う手立てを講ずることである。現在では、

表 9-1 2018 年度前期履修生の「振り返り」の記述と構成要素の抽出

学生	番号	振り返り記述	構成要素
A	①	サービス・ラーニングの実習が始まる前、「これから実際実習などを多くやっていくわけだが、どういう心意気で、どういう考えで実習に取り組んでいこうか」自分なりに考えていた。最初の授業でも取り上げてくださった「サービス・ラーニングの目的」「どうすれば意義ある活動となるか」ということをハンドブック（第 4 版）を元にまず確認し、実習等始まる前に自分で考えた心意気を関連付けてまとめていこうと思う。ハンドブックの P.2 に「サービス・ラーニング実習の目的」と名し、3 つの目的が大きく分けて記されている。一つ目、「自立（自律）した社会人を目指す」とある。これは目的を達成するため、まず「経験をする」ということを指している。実際に現場へ行き、見聞きし、実践した上で新たに知識を増やし、課題を今後に向け引き出す。これは、社会人を目指す私達大学生が今の段階で定着させておくべき体勢であり、本授業の大きな目的である。（以下略）	(b) 理論的な気付き
	②	自分は、どうサービス・ラーニング実習を受け止め、どういった心意気で活動していくかをまとめていく。私は、サービス・ラーニング実習は、将来なりたい教員という、将来の自分を形成するために必要な活動であり、要素だと考える。自分には関連の経験がほぼといってもいいほど無いからである。私は大学で知識や情報を先生方から見聞きし、知識や情報をどうやって手に入れるかという手段や方法を教えていただいた。そうして、自身に知識や情報が入ってくるたびに、己の無知と経験の無さにショックを受けるのだ。こうした自分のつまずき、経験から考え、知識の取り入れと多様な経験を積極的にしていくべきだと分かったのだ。	(a) 実習への意欲・心構え
	③	大学の授業、その後の振り返り、興味関心があったことで、また調べるという繰り返しから知識を取り入れ、サービス・ラーニング実習にて、将来につなげられるような体験をし、ハンドブック P.5 にもある「省察」をする。この知識を取り入れるインプット行為、そして、それらを生かしつつ、関連させながら、さらに深化したアウトプットを行う行為を両立させ、考え行動する。そうすることで、自分に今は不足しているであろう知識、経験をやっと補えると思うのだ。後期も授業を履修したいと考える。そうすることで自分の将来の姿である「教員」に一歩でも近づき、自分を構成したいと考える。	(d) 教職・保育職への理解
B	①	私は、この科目が選択科目だと知っても、履修登録したことに対して後悔したことは一度も無かった。というのも、単位以上の報酬である「経験と知識」を得ることができたからだ。	(a) 実習への意欲・心構え
	②	小学校の運動会では、前日の準備や当日の陰ながらの手伝いを通して、教師の裏の努力を身をもって知ることができた。また、効率の良い仕事の仕方、悪い言い換えになってしまうかも知れないが、「いかに手を抜くか」を学ぶことができた。	(d) 教職・保育職への理解
	③	「土曜学習いきいきサポーター」では、実際に現場に出てみると、児童と触れ合うことで他の授業で学んだ知識を生かすことができたり、児童の様々な特徴を知るための「子どもの観察」ができたり、それぞれの特徴をもった児童にどのように接すればよいのかを自分なりに試行錯誤したりと、こんなに面白い学習があったのか、と大変喜ばしく思っている。	(d) 教職・保育職への理解 (e) 葛藤・悩み
	④	時には児童に舐めた態度を取られ、自責の念に駆られることもあった。しかし、そのような経験があったからこそ、子どものことを更に知ることができ、次の現場では、筋の通った説明をすることができた。	(c) 資質・教育技術への気付き

	⑤	自分の成長を実感する機会が多く、とても有意義な時間を過ごすことができた。このサービス・ラーニング実習で得た「経験と知識」は、これからある教育実習や、実際に教師になったときに待ち受けている困難や鬼門への解決への糸口となるだろう。後期もこの科目を履修し、将来の自分へと繋げていきたい。	(f) 自分自身への気付き (a) 実習への意欲・心構え
C	①	前期のサービス・ラーニングで学んだこと、知ったことはたくさんあります。小学校の運動会では、前日の準備から当日の運動会の流れまでを体験してみて、今まで私が知らなかった先生方の子どもたちへのサポートや、お仕事を知ることができました。運動会当日は、子ども達と保護者の方たちをうまく誘導させ、ケガをした子どもや、体調不良の子どもがいたら先生たちの連携ですぐさま治療をするなど、本当にたくさんのお仕事、気配りをしていました。	(d) 教職・保育職への理解 (c) 資質・教育技術への気付き
	②	先生に、「父親参観や他の授業は緊張しますか？」と質問すると、「すごく緊張するけど、自分に足りない所や良かった点を保護者の方は教えてくれるのでありがたい」とおっしゃっていました。また、「保育者として働いていると、大変な仕事も多いけれど、毎日全然違う日だからすごく楽しいし、やりがいがある」とお話してくださいました。私は先生の話を聞いて、今まで以上に、保育者になりたいと思う気持ちが強くなりました。	(c) 資質・教育技術への気付き (d) 教職・保育職への理解
	③	今後、実習など、子ども達と関わる機会には、サービス・ラーニングで学んだことを生かして生きたいと思いました。	(a) 実習への意欲・心構え
D	①	私は、サービス・ラーニング実習を通して、実際に環境に身を置かないと分からない大変さや楽しさを知ることができました。子どもたちと関わる場所では、自分が「学生」ではなく、「大人」としての自覚を持って行動したり、いつも以上に周りに気をつけながら行動したりしました。	(a) 実習への意欲・心構え
	②	サービス・ラーニング実習に行く前は、ボランティアとの違いがあまり分かりませんでした。ボランティアと同じように自発的に場所を探し、行動する。そして現地に行ってサポートをするという流れが同じだったからです。しかし、実際に実習現場に行くと、ボランティアでは到底収まりきれない程の情報や経験を得ることができました。	(b) 理論的な気付き
	③	今回のサービス・ラーニングを通して、今までは触れることのできなかった視点での体験をすることができました。自分の知らないところでは、こんなにも大変でやりがいのある仕事があるのだと分かりました。今回得ることができた経験をしっかりと将来生かせるように振り返っていきたいと思います。	(d) 教職・保育職への理解
E	①	私は、どこの現場へ行っても初めてのことだらけで、ほとんどが言われてからしか行動できないことが多く、それと同時に、自分の力のなさを改めて思い知らされました。	(f) 自分自身への気付き
	②	そして、先生方、裏方の大変さがよく分かりました。何も動けない私たちにどの現場でも先生方が優しく教えてくださり、またいろいろなものを見せていただきました。将来、一緒の現場で働けたらいいねなどとも声をかけていただきました。本当に嬉しかったです。正直、自分にできないことが多すぎて、先生という職業を目指すことが不安なことが少しあったけど、こういう嬉しいお言葉や子どもたちの笑顔を見て、もっとがんばろうと思えました。	(e) 葛藤・悩み
	③	4月から大学で勉強してきて、子どもと関われたり、子どもを助けてあげられたりするのは、保育所や幼稚園の先生になるだけじゃないということを学んだので、サービス・ラーニングでたくさんの施設へ行って、たくさんの経験をさせてもらうことで、4年かけて自分が将来どんな職業になりたいのか、そしてどの職業が自分に向いているのかということをゆっくり考えていける場にもしたいなと思いました。	(b) 理論的な気付き

F	①	私は、今回のサービス・ラーニング実習では、現場でしか味わえない大変さや達成感、教わる立場から教える立場への転換、「大人」としての自覚を持った行動など、人として成長する場であると共に、普通では経験することができないことを味わうなど、貴重な経験をすることができました。	(f) 自分自身への気付き
	②	小学校運動会では、小学生の時とは違い、重たい荷物やグラウンドの設備の配置、移動など、とても大変でした。この時、私が経験していたことは、ほんの一部に過ぎず、教員の方たちは、こんなに大変な仕事をこなしていたんだなと考え方を改めさせられました。本番では、小学校の頃とは違う疲れを感じましたが、その疲労の裏には、小学生では味わうことのできなかった達成感で満ちていました。「自分の為だけでなく、誰かの役に立つ」ということが、今回知ることができた一番大切なことだと思いました。	(d) 教職・保育職への理解
	③	現在、文化小劇場で実習をさせていただいています。今では、前のような気後れなどは感じることなく、積極的に参加できるようになりました。この調子で経験した知識、技術を自分のものにしていき、将来の役に立てていきたいです。	(a) 実習への意欲・心構え
G	①	私は、サービス・ラーニング実習で、教員になる大変さや、自分の未熟さを知ることができました。小学校では、指示を受けて動くことはできるものの、それ以外の周りを見て考えて行動するということが、あまりできていなかったと思いました。	(f) 自分自身への気付き (e) 葛藤・悩み
	②	幼稚園では、園長先生が子どもたちへの声掛けを行っていたり、先生たちは、子どもたちのサポートをしていたりしました。自分も子どもが楽しめるようなわかりやすい声掛けをしていきたいと思いました。	(c) 資質・教育技術への気付き
	③	私が教員になるときには、この実習で学んだことを発揮できるようこれからの生活、実習を精一杯頑張りたいと思います。	(a) 実習への意欲・心構え
H	①	私は、今回のサービス・ラーニングを履修して、あらためて先生という職業は、「子どもがかわいいから」「子どもが好きだから」という理由だけではできない職業なんだと思いました。	(b) 理論的な気付き
	②	小学校の運動会に参加して、子どもの前では笑顔で疲れなんて見せないプロの根性は、まだまだ私達には無いものでした。でも、先生になるには、絶対必要なものだったので、これから沢山ある実習に参加していく中で、自分なりのプロ根性を見つけていきたいと思います。	(c) 資質・教育技術への気付き
	③	小学校の運動会のお手伝いの反省点は、本来任されていた仕事とは別の仕事を急にお願いされた時、一瞬不安になって返事をするのが遅くなってしまった事です。一歩引いてしまっていました。まだまだ大学生としての自覚が足りないようです。今回の反省点を生かして、次からの実習では、多くの経験を積めるようにがんばりたいです。	(f) 自分自身への気付き
	④	サービス・ラーニングを通して、実習に行ってみて、私は本当に教育学部に入ったのだなという実感がわきました。この気持ちを忘れずに、今後の授業一つひとつも真面目に取り組み、一人前の立派な先生になれるように、頑張ります。	(a) 実習への意欲・心構え
I	①	私は、サービス・ラーニングの授業を通して、保育士になる大変さを学びました。子ども達と実際に関わりをもつことで子どもたちの気持ちも分かるし、教職員の方々の仕事のやりがいも知ることができました。	(c) 資質・教育技術への気付き

	②	最初は、実習に積極的に参加するつもりはなかったのですが、次第に子ども達と関わることで、実習に参加したい気持ちが強くなりました。小学校の運動会に参加した時、子ども達としゃべり、コミュニケーション力の高さにびっくりしました。私の将来の夢は、「保育士」ですが、正直、小学校の先生もいいなと思いました。私はまだ、保育園・幼稚園の実習に行ったことが無いので、まだどんな所なのか、どんな感じなのか分かりません。だから、後期の実習で色々な保育所に行き、現場のことをもっとよく知ろうと思いました。	(e) 葛藤・悩み (a) 実習への意欲・心構え
	③	サービス・ラーニングに参加することで、「保育士」になりたいという気持ちがとても強くなりました。それに子どもが好きという気持ちが前よりとても強くなったのも、今回のサービス・ラーニングで実感しました。	(d) 教職・保育職への理解
J	①	私は、前期サービス・ラーニングの実習で、様々なところに行きました。小学校の運動会では、自転車の移動をする中で、子どもと挨拶をしたり、軽くお話をしたりすることで、子どもたちを身近に感じることができました。とても暑い中での活動だったにも関わらず、先生方はとてもテキパキとしていて、かっこよかったです。	(c) 資質・教育技術への気付き
	②	土曜いきいきサポーターの活動では、私は1・2年生の担当だったのですが、なかなか並んでくれなかったり、話や説明を聞いてくれなかったりと苦労したことが多かったです。しかし、子どもたちとふれあう中で最終的にはちゃんと話を聞いてくれたり、逆に質問をしてくれたりと、少しの信頼を得た気がして、うれしい気持ちになりました。自分じゃまだまだ未熟で、言うことを聞いてくれないことがほとんどだと思いますが、日々子どもたちと触れ合うことで、信頼関係が築けるということを理解しました。	(e) 葛藤・悩み (c) 資質・教育技術への気付き
	③	児童館の実習では、心配だった私は子どもたちに教え過ぎちゃうことが多く、児童館の人に、「子どもたちは自分でやれるから大丈夫だよ」と言われたことを覚えています。後々考えると、私が手伝いすぎて全てやってしまっては、子どもたちのためにはならないし、子どもたち自身でやらせることも大切だなと思いました。	(f) 自分自身への気付き (c) 資質・教育技術への気付き
	④	ここまで五つの実習に行ってきたのですが、これらの経験をさらなる次のことに生かしていけたらいいなと思います。	(a) 実習への意欲・心構え

「参加ノート」「授業参観ノート」「振り返り」という機会を通して、学生は実習経験のリフレクションを行っている。「授業参観ノート」に関しては、筆者は別の機会に論じているが[6]、大学1年生から授業参観の機会を多く持つことの他にも、多様なSL実習経験を、複線的に振り返り、リフレクションを行う手立てを講ずる必要性があるだろう。そうしたときに、記述が少なかった (b) 理論的な気付き、(c) 資質・教育技術への気付きに関しては、多様な手立てを講ずる必要がある。例えば、「参加ノート」「授業参観ノート」「振り返り」への記述の他にも、劇化、パフォーマンス、制作物などといった方法によるリフレクションも可能だと考えられる。そのように、学生のSL実習経験を多様に振り返らせる手立てが重要となる。また、それと同時に、大学教員にとって、学生のリフレクションを適切に見取り、

■ 教育学部で1年生たちがサービス・ラーニング実習報告会

2018/7/24

　教育学部は7月20日、サービス・ラーニング実習報告会を開催しました。報告会は1年生前期科目「サービス・ラーニング実習Ⅰ」の授業で行われ、名東区を中心とした小学校や幼稚園、名東児童館、名東文化小劇場、名東図書館などでの実習体験が発表されました。
　最初に、今津孝次郎教授が、学生たちの実習風景を紹介。その後、各グループから、それぞれの実習の様子について報告が行われました。

　まず、5月26日に実施された名東区の8小学校（平和が丘小、蓬来小、貴船小、香流小、猪子石小、北一社小、猪高小、本郷小）運動会でのーピス・ラーニング実習について報告。続いて、名東文化小劇場のグループが、8月7日に開催される「あつまれKIDS たいけんDAY」の準備の様子について報告しました。
　名東図書館のグループからは、ジュニアサポーターとして行っている図鑑づくりについて、名東児童館グループからは、行事スタッフとしてイベントを企画運営している様子について報告が行われました。

　さらに、上社幼稚園グループからは、6月16日に実施された父親参観日での活動、東きふね幼稚園グループからは、6月30日に実施された流しそうめん会での活動について、名古屋市教育委員会主催の土曜学習いきいきサポーターグループからは、名古屋市内の様々な小学校での活動についての報告が行われました。
　参加した学生たちからは、「運動会の裏方をすることが初めてで、先生方のテキパキした準備のおかげで行事が成り立っているということを初めて知りました」「先生たちはいつでも子どもたちの安全や健康に気をつけて活動しており、とても感銘を受けました」「現場の先生方のように、子どもたちができないところを手伝ってあげられるような先生になりたい」など様々な感想が聞かれました。
　講評した堀篤実学部長補佐は、「多くのことを学び、気づいたサービス・ラーニングでした。報告した学生の皆さんはキラキラしていて素敵だなと思いました」と学生たちを激励しました。（教育学部准教授・白井克尚）

写真9-2　サービス・ラーニング報告会（2018年7月20日）

評価する方法も求められよう。
　二つ目は、「振り返り」におけるリフレクションを他者と共有する場面を設定することである。これまでにも、「SL実習Ⅰ・Ⅱ」の授業においては、最終回に、報

告会として学生同士、お互いのSL実習経験を聞き合う場面を設定してきた（写真9-2）。そうした場面において、記述が少なかった（d）教職・保育職への理解、（e）葛藤・悩み、（f）自分自身への気付きを共有する場面も、重要となると考える。例えば、実習を通じて気付いた「教職・保育職の魅力や面白さ」「何で先生になりたいのか？」「SL実習を通じて成長したこと」などを互いに発表し、小グループで聞き合う場面を設けることなども考えられる。そのようにして、継続してSL実習経験を通じたリフレクションを共有していくことが、教員と保育士をめざす学生たちにとっての重要な文化の形成につながっていくに違いない。

V　サービス・ラーニング実習におけるリフレクションを充実させるために

　本稿を通じて、SL実習におけるリフレクションのあり方に関して明らかになったことは、以下の3点にまとめることができる。
　第一に、学生がSL実習を好意的に捉え、「実習への意欲・心構え」といった構成要素を持ったリフレクションを行っていた点である。SL実習を通じて、意欲的な学習態度を身に付けた学生が現れたことが示される。
　第二に、学生がSL実習を通じて、「教職・保育職への理解」といった構成要素を持ったリフレクションを行っていた点である。SL実習を通じて、これまで「教えられる」側からしか捉えていなかった教員や保育士という職業に対して、「教える」側の観点から職業の意味について考えられるようになった学生が現れたことがわかる。
　第三に、学生がSL実習に参加する態度として、「葛藤・悩み」「自分自身への気付き」といった構成要素を持ったリフレクションを行っていた点である。SL実習を通じて、教員や保育士としての適性といった観点から、自分自身を振り返る学生が現れていたといえる。
　最後に、教員と保育士の養成におけるSLの経験におけるリフレクションをいかに継続的に行っていくかということは、今後の研究課題としたい。

【引用文献】
(1) 倉本哲男（2008）『アメリカにおけるカリキュラム・マネジメントの研究――サービス・ラーニング（Service-Learning）の視点から』ふくろう出版、p.186。

(2) 唐木清志（2008）『子どもの社会参加と社会科教育——日本型サービス・ラーニングの構想』東洋館出版社、p.67。
(3) 加藤智（2016）「総合的な学習の時間を充実させる『リフレクション』に関する研究——米国サービス・ラーニングにおけるリフレクション研究をもとに」日本生活科・総合的学習教育学会『せいかつか&そうごう』第23号、pp.42-51。
(4) 白井克尚（2016）「教員と保育士の養成における『サービス・ラーニング』の実践研究部会」『愛知東邦大学地域創造研究所 所報』No.21、p.8。
(5) 今津孝次郎（2017）「Ⅱ.『サービス・ラーニング実習』で得た『経験』を振り返り、調べ、深く考える」サービス・ラーニング委員会編『「サービス・ラーニング」ハンドブック 第3版』愛知東邦大学教育学部編、p.3。
(6) 今津孝次郎・新實広記・西崎有多子・柿原聖治・伊藤龍仁・白井克尚（2015）「〔実践報告〕教員と保育士の養成における『サービス・ラーニング』の試み」『東邦学誌』愛知東邦大学、第44巻第1号、pp.211-232。

■活動風景

サービス・ラーニング実習報告会の様子

愛知東邦大学　地域創造研究所

　愛知東邦大学地域創造研究所は 2007 年 4 月 1 日から、2002 年 10 月に発足した東邦学園大学地域ビジネス研究所を改称・継承した研究機関である。

　地域ビジネス研究所設立当時は、単科大学（経営学部 地域ビジネス学科）附属の研究機関であったが、大学名称変更ならびに 2 学部 3 学科体制（経営学部 地域ビジネス学科、人間学部 人間健康学科・子ども発達学科）への発展に伴って、新しい研究分野を包括する名称へと変更した。

　現在では、3 学部 4 学科体制（経営学部 地域ビジネス学科・国際ビジネス学科、人間健康学部 人間健康学科、教育学部 子ども発達学科）となり、さらに研究・教育のフィールドを広げ、より一層多様な形で地域発展に寄与しようとしている。

　当研究所では、研究所設立記念出版物のほか、年 2 冊のペースで「地域創造研究叢書（旧 地域ビジネス研究叢書）」を編集しており、創立以来、下記の内容をいずれも唯学書房から出版してきた。

・『地域ビジネス学を創る——地域の未来はまちおこしから』（2003 年）

地域ビジネス研究叢書
・No.1『地場産業とまちづくりを考える』（2003 年）
・No.2『近代産業勃興期の中部経済』（2004 年）
・No.3『有松・鳴海絞りと有松のまちづくり』（2005 年）
・No.4『むらおこし・まちおこしを考える』（2005 年）
・No.5『地域づくりの実例から学ぶ』（2006 年）
・No.6『碧南市大浜地区の歴史とくらし——「歩いて暮らせるまち」をめざして』（2007 年）
・No.7『700 人の村の挑戦——長野県売木のむらおこし』（2007 年）

地域創造研究叢書
・No.8『地域医療再生への医師たちの闘い』（2008 年）
・No.9『地方都市のまちづくり——キーマンたちの奮闘』（2008 年）
・No.10『「子育ち」環境を創りだす』（2008 年）
・No.11『地域医療改善の課題』（2009 年）
・No.12『ニュースポーツの面白さと楽しみ方へのチャレンジ——スポーツ輪投げ

「クロリティー」による地域活動に関する研究』(2009 年)
- No.13 『戦時下の中部産業と東邦商業学校——下出義雄の役割』(2010 年)
- No.14 『住民参加のまちづくり』(2010 年)
- No.15 『学士力を保証するための学生支援——組織的取り組みに向けて』(2011 年)
- No.16 『江戸時代の教育を現代に生かす』(2012 年)
- No.17 『超高齢社会における認知症予防と運動習慣への挑戦——高齢者を対象としたクロリティー活動の効果に関する研究』(2012 年)
- No.18 『中部における福澤桃介らの事業とその時代』(2012 年)
- No.19 『東日本大震災と被災者支援活動』(2013 年)
- No.20 『人が人らしく生きるために——人権について考える』(2013 年)
- No.21 『ならぬことはならぬ——江戸時代後期の教育を中心として』(2014 年)
- No.22 『学生の「力」をのばす大学教育——その試みと葛藤』(2014 年)
- No.23 『東日本大震災被災者体験記』(2015 年)
- No.24 『スポーツツーリズムの可能性を探る——新しい生涯スポーツ社会への実現に向けて』(2015 年)
- No.25 『ことばでつなぐ子どもの世界』(2016 年)
- No.26 『子どもの心に寄り添う——今を生きる子どもたちの理解と支援』(2016 年)
- No.27 『長寿社会を生きる——地域の健康づくりをめざして』(2017 年)
- No.28 『下出民義父子の事業と文化活動』(2017 年)
- No.29 『下出義雄の社会的活動とその背景』(2018 年)

　当研究所ではこの間、愛知県碧南市や同旧足助町(現豊田市)、長野県売木村、豊田信用金庫などからの受託研究や、共同・連携研究を行い、それぞれ成果を発表しつつある。研究所内部でも毎年5～6組の共同研究チームを組織して、多様な角度からの地域研究を進めている。本報告書もそうした成果の1つである。また学校法人東邦学園が所蔵する、9割以上が第二次大戦中の資料である約1万4,000点の「東邦学園下出文庫」も、2008年度から愛知東邦大学で公開し、現在は大学図書館からネット検索も可能にしている。
　そのほか、月例研究会も好評で、学内外研究者の交流の場にもなっている。今後とも、当研究所活動へのご協力やご支援をお願いする次第である。

執筆者紹介

今津孝次郎（いまづ こうじろう）／愛知東邦大学教育学部教授（第1章担当）
西崎有多子（にしざき うたこ）／愛知東邦大学教育学部教授（第2章担当）
白井 克尚（しらい かつひさ）／愛知東邦大学教育学部准教授（第3章、第9章担当）
中島 弘道（なかじま ひろみち）／育英大学教育学部教授（第4章担当）
新實 広記（にいみ ひろき）／愛知東邦大学教育学部准教授（第5章担当）
伊藤 龍仁（いとう たつひと）／愛知東邦大学教育学部教授（第6章担当）
柿原 聖治（かきはら せいじ）／愛知東邦大学教育学部教授（第7章担当）
伊藤 数馬（いとう かずま）／愛知東邦大学教育学部准教授（第8章担当）

地域創造研究叢書No.30

教員と保育士の養成における「サービス・ラーニング」の実践研究

2019年2月28日　第1版第1刷発行　　　※定価はカバーに表示してあります。

編　者――愛知東邦大学　地域創造研究所

発　行――有限会社　唯学書房

〒113-0033　東京都文京区本郷1-28-36　鳳明ビル102A
TEL　03-6801-6772　　FAX　03-6801-6210
E-mail　yuigaku@atlas.plala.or.jp
URL　https://www.yuigakushobo.com

発　売――有限会社　アジール・プロダクション

装　幀――米谷　豪

印刷・製本――中央精版印刷株式会社

ⓒCommunity Creation Research Institute, Aichi Toho University
2019 Printed in Japan
乱丁・落丁はお取り替えいたします。
ISBN978-4-908407-18-5 C3337